历史深处

当上官婉儿遇上武则天

姜正成 著

中国画报出版社 · 北京

图书在版编目（CIP）数据

当上官婉儿遇上武则天 / 姜正成著. —— 北京：中国画报出版社, 2024.5

（历史深处）

ISBN 978-7-5146-2247-8

Ⅰ．①当…　Ⅱ．①姜…　Ⅲ．①上官婉儿（664-710）—生平事迹　Ⅳ．①K827=42

中国国家版本馆CIP数据核字(2023)第040118号

当上官婉儿遇上武则天

姜正成 著

出 版 人：方允仲

责任编辑：程新蕾

内文排版：姚　雪

封面设计：王建东

责任印制：焦　洋

出版发行：中国画报出版社

地　　址：中国北京市海淀区车公庄西路33号　邮编：100048

发 行 部：010-88417418　010-68414683（传真）

总编室兼传真：010-88417359　版权部：010-88417359

开　　本：16开（787mm×1092mm）

印　　张：12.25

字　　数：90千字

版　　次：2024年5月第1版　2024年5月第1次印刷

印　　刷：三河市金兆印刷装订有限公司

书　　号：ISBN 978-7-5146-2247-8

定　　价：58.00元

出版说明

历史长河，星光灿烂。《历史深处》系列丛书汇集了帝王传记、历史名人以及重要朝代的兴衰历程，带读者穿越时空，纵览历史长河中的璀璨星辰。

本套丛书通过对历史资料的搜集和整理，努力还原历史人物和历史事件，让读者更好地了解历史人物的思想、行为，以及历史事件产生的背景。同时，也通过对历史事件的描述和分析，揭示了历史人物的影响，以使读者更好地理解历史进程和社会变迁。

本套丛书是按照历史脉络来叙述的，综合了各类文献资料，采用了基本的历史事实，讲述的是历史典籍中存在的人物。但在某些事件和场景中，为了使人物形象更加丰满，提升作品的可读性和趣味性，使这套大众读物更具表现力和感染力，作者在创作时运用了一些文学手法，增加了场景的描写、人物心理描写和情感描写。所以，不可避免地会有一些虚构的成分和细节，请读者在阅读的时候予以注意。

前　言

在中国历史上，女性政治家寥若晨星，仅有的少数女政治家多为杀伐决断的狠角色，其中既能在政治舞台上长袖善舞，同时又以诗歌名动天下的，恐怕只有上官婉儿一人而已。

上官婉儿是唐高宗时期宰相上官仪的孙女，有着显赫的家世。可是，天有不测风云，上官仪因替高宗起草欲废武则天的诏书，被武后所杀，家族籍没，尚在襁褓之中的上官婉儿与母亲郑氏同被籍没掖庭为奴。在此期间，上官婉儿在母亲的精心培养下熟读诗书，不仅能吟诗作文，而且明达吏事，聪敏异常。

她十四岁的时候不仅出落得妖娆艳丽，而且过目成诵、文采过人。唐仪凤二年（677年）上官婉儿曾被武则天召见，武则天现场命题，让其依题著文。上官婉儿文不加点，须臾成文，并且书法秀媚，使得武则天大加赞赏，当即下令免其奴婢身份，让其掌管官中诏命。

不久，上官婉儿又因违忤旨意，获死罪，但武则天惜其文才而特予赦免，只是处以黥面而已。以后，上官婉儿曲意迎合，更得武则天欢心，从武周圣历元年（698年）开始，武则天让她处理百司奏表，参决政务，其权势日盛。

神龙元年（705年），拥护李唐宗室的大臣张柬之等人发动了神龙政变，武则天被迫退位，而作为跟随武则天长达二十七年的贴身女官，上官婉儿并未受到打击，李显即位后，上官婉儿继续得到重用，官至三品，并且成为李显的婕妤，不久又进拜为九嫔之一的昭容，代中宗掌诏命。她与韦氏、安乐公主亦多往来，并把自己的情夫武三思引荐给韦后，在韦后和上官婉儿的支持下，武三思位列三公，武氏一族再次专权于朝堂。

随着韦氏、武氏势力的坐大，太子李重俊的处境非常不利，唐景龙元年（707年）七月，李重俊联合魏元忠、李多祚等发动兵变，杀死武三思父子，并准备攻入宫中捉拿上官婉儿等人。

中宗、韦后等人皆惊慌不已，只有上官婉儿十分镇定，请求中宗登上玄武门，占据有利地形闭门自守，等待援兵。后来李重俊兵败被杀，上官婉儿开始远离韦后，加强同太平公主等李唐宗室的关系。随着上官婉儿在宫中的地位炙手可热，她在宫外置办府邸，修建庭院，风雅极盛。

景龙四年（710年）六月，中宗突然驾崩，朝政大权尽落韦氏之手。上官婉儿与太平公主一起草拟了一份遗诏，立李重茂为皇太子，李旦辅政，韦后为皇太后摄政，以此平衡各方势力。

然而韦后已有效仿武则天称帝之心，强行更改了诏书。得到消息的临淄王李隆基与太平公主商议，决定先下手为强，七月二十一日，李隆基带兵攻入宫中，杀死韦后、安乐公主及所有韦后一党，拥立其父李旦登基。

上官婉儿率宫人迎接李隆基，并把她与太平公主所拟遗诏拿出来，以证明自己始终跟李唐宗室站在一起。但李隆基对上官婉儿以往的做派深恶痛绝，执意要杀她。曾经炙手可热、才华横溢的才女就这样死在了政治斗争的旋涡当中，死时年仅四十六岁。

上官婉儿是盛唐时期影响力巨大的女诗人，纵观上官婉儿的诗作，没有中国古代女性文学中贯穿始终的那种幽闭、孤独的审美形态，较少那种被压抑的痛苦和浓厚的悲剧色彩。

上官婉儿的诗歌以宫廷为核心，以政治为主要表现内容，她的眼光没有囿于某个男人，也没有局限于家庭，她着眼的是当时的整个宫廷、整个社会。

上官婉儿与她的祖父上官仪的思想迥然相异，上官仪认为，女子不应参与朝政，而上官婉儿则认为，女子不一定比男子差。她认为，女子也可以具有远大的胸怀和气魄，有着强烈的参政意识和女性意识，所以，她亲近武则天。

在当时的时代里，人们视女性参政为"牝鸡司晨"，而武则天和上官婉儿冲破重重阻碍，问鼎权力的高峰。这一对女子君臣，一个君临天下，一个执掌权柄，她们之间有着同样的精神气质，这使得她们彼此吸引，彼此衬托。

在某种程度上，没有武则天，就没有上官婉儿，武则天是上官婉儿的知音、知己，离开武则天，上官婉儿就失去了实现自我价值的平台。

上官婉儿身处政治斗争的旋涡中，必须审时度势，她从聪慧天真的少女变为老辣成熟的政客，她既有雄心又有野心，既有对权力的渴望又寻求个人价值的实现。她缺乏内在信仰力量，而仅仅关注个人的权力。

上官婉儿的一生，既是一首华美而悲怆的诗歌，也是一部充满了血泪和挣扎的女性奋斗史。从上官婉儿的身上，我们可以窥见女性在政治舞台上的无奈与辛酸，尤其是一个身处权力核心而无力自拔的女性的艰辛。

目　录

第一章　血雨腥风

上官婉儿出身名门望族，如果不是因为家族遭难，其日后的人生定会平平安安，然而人生没有如果，自从出生的那天起，她的命运就已注定。

第二章　政局变幻

变幻的政局、变幻的命运，从掖庭走到武则天御案前的上官婉儿，凭借自己过人的才智，深得女皇宠爱。然而，此时的上官婉儿早已不是当年那个单纯无瑕的少女，她已长大，心态已经发生了翻天覆地的变化。

第三章 权势日盛

人生起起落落，送走女皇的上官婉儿，在中宗一朝受宠得势，权势熏天。如果没有中宗的突然暴崩，她的人生将会怎样？而当她为中宗之死拭去泪水之后，又会朝哪个方向走去？

第四章 风云突变

人算不如天算，也许是对权力过于迷信和执着，一向在政治斗争中长袖善舞的上官婉儿也有马失前蹄的时候。人生如行棋，一招不慎满盘皆输。已经躲过无数次危难的上官婉儿，最终没能躲过李隆基的屠刀，四十六岁的生命，就此香消玉殒。

第一章

血雨腥风

上官婉儿出身名门望族，如果不是因为家族遭难，其日后的人生定会平平安安，然而人生没有如果，自从出生的那天起，她的命运就已注定。

显赫的上官家族

　　上官婉儿的家乡在今天的河南三门峡市陕州区，古时称为陕州陕县。上官婉儿虽然是以婢女的身份进入大唐皇宫，然而她的家世却十分显赫，她的祖父就是唐初重臣——上官仪。

　　和很多只懂钻营算计的政客不同，上官仪不仅能力出众，而且能诗善文，尤善五言律诗，可以说，在唐初诗坛，他是出类拔萃的一位。因为文采出众，很多人都模仿其写诗手法，使得"上官体"风行一时。

　　说起上官仪的发迹，要从隋大业末期开始。当时，大隋王朝因统治残暴，终致天下大乱。此间，上官仪的父亲被仇人追杀，为躲避灾祸，上官仪脱逃他乡，剃度为僧。到了唐贞观初期，天下已经趋于安定，百废待兴。饱读诗书的上官仪决定弃佛出世，试图在仕途上有所发展。后来，他考取了进士，被朝廷授予弘文馆直学士之职。他广泛涉猎经史，博学多识，很快就受到朝廷的重用，成为宫廷文胆。

唐太宗李世民在位时，上官仪累迁秘书郎，后转起居郎。秘书郎通常在外院活动，而起居郎则是一个可以"登堂入室"的美差，因此，上官仪渐渐成了唐太宗身边最亲近的人。史书称他常参与宫中宴集，奉和作诗。鉴于上官仪的才识，李世民命其预修《晋书》。也就是在这时，上官仪在朝廷中确立了文学泰斗的地位。

上官婉儿画像

待唐高宗李治即位时，上官仪已官至秘书少监。龙朔二年（662年），又被授予西台侍郎一职，这就意味着，此时的上官仪已经进入到了大唐王朝的最高领导中枢。

史载，上官仪风度儒雅，闻名遐迩；而其为文格调雅致，旨意超然。

上官仪有一个儿子，名叫上官庭芝，他就是上官婉儿的父亲。受父亲影响，上官庭芝也是一个饱读诗书之人，唐高宗时，官至周王（李显）府属。

和上官庭芝一样，上官庭芝的夫人，也就是上官婉儿的母亲郑氏，也同样出身名门，郑氏的族弟便是当时的太常少卿郑休远。同出名门的两人结为连理，正可谓门当户对。

如果没有后来发生的事，那么对出身于这个家族的上官婉儿来说，一生都会在衣食无忧中度过，这样的生活是很多贫苦家庭的子女做梦都不敢想的。然而，官场沉浮，人心险恶，如日中天的上官仪怎么也不会想到，风光显赫的上官家族竟然会落得一个满门抄斩的下场。而作为上官家族的后代，上官婉儿的命运也从此被彻底改变。

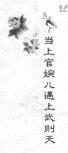
灭门之祸

上官家族的灭门之祸要从武则天当上皇后，继而代替唐高宗垂帘听政时说起。

唐永徽六年（655年），武则天通过一系列精心策划的阴谋，最终将其在后宫的两大死敌王皇后和萧淑妃扳倒，进而得以正位中宫，母仪天下。

在当时那个以男权为主宰的社会，一个女人能够成为一国之皇后，当是其人生的顶点，没有人不为此而感到心满意足。然而，这对于一向野心勃勃的武则天来说却是远远不够的。在成功坐稳六宫之主的宝座之后，她紧接着又开始酝酿下一个行动了。这一次，她将目标指向了大唐帝国的皇位。

当然，武则天的野心是逐渐显现出来的。刚开始，身为其丈夫的唐高宗李治并没有察觉。此时的两个人感情如胶似漆，随着武则天先后生下李弘、李贤、李显、李旦这四个皇子和太平公主之后，李治对武则天更是宠爱有加。

然而这种恩爱和谐、琴瑟和鸣的日子却因为一个突发事件戛然而止了。显庆五年（660年），唐高宗李治突发风疾，目不能视。随着病情一天天加重，他上朝理政的时间越来越少。

身卧病榻之上的李治思前想后，最终决定将朝政交由自己的皇后武则天掌管。

在李治的眼里，果敢决断的武则天不仅是妻子，也像是姐姐，夫妻之间十几年相处下来，李治早已对这个如姐姐般的女人产生了强烈的依赖之心。再加上武则天有着良好的政治洞察力和处理各种关系的手腕儿，把朝政交予她，李治感到十分放心。

就这样，武则天从内廷正式走向大唐王朝的政治前台，开始执掌国事。初掌权力的武则天并没有显得如一个从未涉足国家政治之人般的稚嫩，相反，她在处理各种国事和朝臣之间的复杂关系时，处处表现得圆滑老道、游刃有余。面对这样一个贤内助，李治感到十分满意。

然而李治根本不会想到，如今这个已经品尝到权力所带来的快感的武则天早已不是当年那个温柔贤惠的妻子了。有人把权力比作鸦片，无论是谁，只要沾染，就永远无法戒掉，武则天便是如此。

此时，武则天的强硬、凶残及对权力的强烈渴求一天天显露出来，李治开始有些坐不住了，而这也成了他们夫妻之间关系变质的分水岭。从此以后，他们不再是以前那种琴瑟和鸣的恩爱夫妻，而变成了各怀鬼胎的政治敌人，彼此反目成仇是迟早的事。

武则天的强悍在李治的懦弱面前，就像是一道刺眼的强光，照得李治十分不适。武则天不能容忍李治去宠爱别的女人，为此，她通过各种手段将后宫中的所有妃嫔都清理了，空旷的后宫之中，李治除了面对威严赫赫的武皇后之外，就只有那个小外甥女了。

这个小外甥女是谁呢？她就是武皇后姐姐韩国夫人的女儿——魏国夫人。

魏国夫人年轻貌美，国色天香，跟武皇后的姿色相比毫不逊色。而更让李治倾心的是，这个小外甥女要比武皇后温柔体贴得多，很快，两人就产生了不伦之恋。

当初，武则天为了在后宫上位，曾精心布置了一个

"情报网"，这个"情报网"神通广大，无所不能。通过这个"情报网"，武则天对宫里每天所发生的事均了如指掌，而高宗和魏国夫人这段丑事自然也逃不过武则天的法眼。

卧榻之侧，岂容他人酣睡！很快，在武则天的策划和导演下，一幕家宴中鸩杀情敌的惨剧就上演了。

按照唐朝的传统，皇帝要东封泰山，武则天知道机会来了。按当时规定，皇帝封禅，各地刺史均要随行，于是当初被贬为始州刺史和淄州刺史的武皇后的两个堂哥武惟良和武怀运也都奉诏来到了泰山。待封禅完毕后，也随高宗一起返回了京师。

这两个人之所以被贬，是因为他们当初有眼无珠，冒犯了武皇后的母亲杨夫人。吃了这个大亏之后，他们也都变得聪明了很多，想借此机会讨好一下武皇后。

在当时，有一个官员献食的风俗。很多官员为讨好皇帝皇后，都会专门从各地弄一些土特产，送进宫里，供皇帝皇后品尝。

武惟良兄弟也弄了些特产献给了唐高宗和武皇后。武皇后一向善于利用各种机会，见这两兄弟献食，当即就想出了一个主意。她先是叫人在食品中下毒药，然后把魏国夫人邀请来，待魏国夫人一落座，她便让其品尝。魏国夫人想都没想，就吃了几口，结果立时七窍流血，倒地而亡。

消息很快就传到了高宗的耳朵里，他忍不住失声痛哭，从此便对这个飞扬跋扈、心狠手辣、无所不用其极的武皇后恨之入骨，废后之心由此而生。据《资治通鉴》记载："及得志，专作威福，上欲有所为，动为后所制，上不胜其忿。"

但唐高宗也十分清楚，如今的武皇后早已羽翼丰满，想废掉她没那么容易。思来想去之后，他决定以厌胜的罪名讨伐武皇后。据唐朝法律规定，厌胜被列为十恶之一，应比照谋杀罪论处。

现在他已经给武皇后安上了厌胜的罪名，那该如何处置她呢？

对此，唐高宗心里一时拿不定主意，于是找来执掌文墨的西台侍郎上官仪商议，上官仪就这样被卷进了帝后争锋的浑水里。

上官仪是一个什么样的人呢？从本质上说，他虽然在朝为官，却更像是一个诗人，身上处处散发着一股文人之气。和很多混迹官场八面玲珑的大臣比起来，他为人耿直、心地单纯、恃才傲物，因受儒家教育的熏陶，极重旧俗礼法。对于武皇后的所作所为，他一向看不惯。可想而知，找这样一个人商讨对策，他会给出什么样的计策。

待上官仪一进入室内，唐高宗便立马问他如何处理，上官仪二话没说，回道："皇后专恣，海内所不与，请废之。"此话可谓语出惊人。唐高宗一听，当即就让他起草废后诏书。上官仪提笔就在诏纸上写道：皇后专恣，海内失望，宜废之以顺人心。

如果这份诏书颁布于众的话，对于武皇后来说，那将是灭顶之灾，不仅之前的各种努力都将付诸东流，其自身性命恐怕也难以保全。

据《资治通鉴》记载，当武皇后安插在唐高宗身边的眼线听说这一消息后，立即跑去禀报武皇后。武皇后闻之，不禁暴跳如雷，随即便带领几个随从直奔唐高宗处而来。

她拿起那份墨迹未干的废后诏书，劈头盖脸地质问唐高宗。此时的唐高宗早已被吓得浑身颤抖，哪有心思与武皇后对质，他一口否认这是他的意思，随即将手指向了站在一边的上官仪。

上官仪自知已大难临头，面对一个毫无骨气的皇帝和一个气势汹汹的皇后，他没有为自己辩解什么，他唯一要做的就是等候武皇后的发落。

对于试图撺掇唐高宗废掉自己的上官仪，一向心狠手辣的武皇后自然不会放过他。没过多久，上官仪一家就因与被废太子共同谋反之罪，被满门抄斩。幸运的是，此时还不到一岁的上官婉儿和她的母亲同被籍没入掖庭为奴，而免于一死。

据说，当年郑氏怀上官婉儿的时候曾梦见神人送来一杆大秤，占梦的人说这预示着上官婉儿日后将掌握大权衡量天下大事。然而，对于这个还不到一岁就成了女奴的上官婉儿来说，这样的预言着实充满了讽刺，谁会知道这个不幸的女婴将来的命运到底如何呢？

在内文学馆中长大

对于任何一个进入掖庭的女人来说，她们的命运自进入掖庭那一天起就已注定，将来的人生一眼即可看到头儿。如果不出意外，她们大多都会一辈子受苦受累。然而和那些毫无见识的宫女比起来，上官婉儿似乎又幸运很多，因为她有一个出身名门且见识不凡的母亲。

由于郑氏自幼便受到了良好的教育，所以在她看来，读书对于女儿来说当是生命中的一件大事。即便她深知现状不容乐观，但她仍是一门心思地教女儿读书吟诗。

婉儿就这样在永巷中一天天长大。后来被母亲送到了后宫的内文学馆读书。教婉儿读书的是一个学识渊博的老宦官。虽然他看上去有些枯燥乏味，但他那充满哲理的谈吐却让小小的婉儿大为叹服。老宦官总是跟婉儿抱怨后宫里喜欢读书的人越来越少，言辞之中充满了失望和无奈。

除了教婉儿读书诵诗之外，老宦官还经常在婉儿面前提起武皇后。他对婉儿说武皇后在年轻的时候十分喜爱读书，还说武皇后是一个聪明绝顶、悟性极高的女人，总是能深刻领悟书中的道理，也正是凭借这样的聪明和智慧，她才最终当上皇后、母仪天下的。

对于年幼的婉儿来说，这便是武皇后留给她的第一印象。此时的武皇后对于婉儿来说，就像是一个榜样，这个榜样使她知道自己的命运是可以改变的。

就是从那时起，武皇后便成了婉儿心中的一道阳光。她开始不停地向老师询问有关武皇后的故事，随着她知道的越多，她越是崇拜这个女人，甚至她还不止一次地幻想，将来有一天能够亲眼见一下这位伟大的女人。

让她没想到的是，这个愿望很快就实现了。

这天，婉儿如往常一样在内文学馆中看书，突然，一个凤冠霞帔的美貌女人出现在了内文学馆中——她就是武皇后，她此次来内文学馆是来询问老师的病情的。

婉儿瞪大了眼睛，愣愣地站在那里，一动不动。直到武皇后离开，她才发出了一句感慨："她真是太了不起了！"

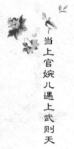

当上官婉儿遇上武则天

不谙世事的婉儿根本不会想到，这个让她日夜崇拜的女人竟然就是那个害得他们上官家族被满门抄斩的罪魁祸首！

而婉儿也根本不会想到，此次见面只是一个开始，此后她将会和这个女人产生更多的联系。

回去之后，婉儿急切地把见到皇后的事告诉了母亲，她滔滔不绝地赞美着皇后，兴奋之情溢于言表。可母亲冷冷的反应却让婉儿颇为失落，甚至有些恼怒。她开始不停地逼问母亲，武皇后难道不是一个伟大的女人吗？如此这般一连串的问题一股脑儿向母亲抛去，她的目的只有一个，就是想让母亲说一句赞美武皇后的话。

可母亲仍旧不声不响，脸色显得十分苍白，眼泪夺眶而出。婉儿见母亲流泪，有些不知所措。过了一会儿，母亲郑重其事地对婉儿说道："孩子，不要再去内文学馆了，以后就和我待在家里吧，这个世界只有一个武皇后，你再怎么崇拜她，也不能成为她。这里是掖庭，待在这里的女人永无出头之日。"

母亲的这番话使得婉儿的心顿时像被泼了凉水，她没想到母亲竟然如此跟自己说话。"任何人都有自己的梦想，为什么我就不能追求自己的梦想呢？"婉儿心里想。

母亲继续说道："朝廷是个险恶的地方，你一旦踏进去，就很难再出来了。"婉儿立马问道："难道皇后也险恶吗？"

郑氏这下被问住了，她不知道该如何开口。虽然那场血腥的杀戮已经过去了十几年，但每每想起，还是历历在目。那是上官家族的灾难，对于这场灾难，她是刻骨铭心的，然而她却从未向婉儿透露过半句，因为她深知此时的后宫依然是险恶的，婉儿如果知道了自己的身世，难免不会做出忤逆武皇后之事，到那时她们母女很有可能会再次成为武皇后的刀下之魂。

然而婉儿真的会听从母亲的安排，从此不再与武皇后相见吗？事实上，见与不见并不是由婉儿掌控的，即使婉儿不想再见武皇后，只要武皇后一个诏令，她就必须去见。

李弘毙命

婉儿如此疯狂地崇拜着武皇后，只因她还不谙世事，没有真正了解武皇后的为人。武皇后的险恶是婉儿不曾看到过的，武皇后不允许任何人忤逆自己，否则她就会残忍相对，哪怕是自己的亲生儿子。当年，她为了扳倒王皇后，不惜对自己的小女儿痛下毒手，如今她再次向自己的儿子、已经被立为皇太子的李弘举起了屠刀。

李弘是武皇后和高宗的第一个儿子，从政治层面来说，李弘的出生对于当时一心想当皇后的武则天来说无疑是一个福音。因为那时的王皇后虽然贵为皇后，却不曾为高宗生下一男半女，有句古话叫"不孝有三，无后为大"。可以想象，高宗本就不喜欢王皇后，加上她不能生育龙子，高宗更是对她不满意了，这就为觊觎后位已久的武则天提供了机会。

可以说，正是李弘的降生使得武则天和王皇后的矛盾急速激化。事实上，武则天给自己的儿子取名为李弘也是有着深刻的政治内涵的。

当年，由于王皇后没有孩子，为了稳住自己的位置，她便收养了一个孩子，名叫李忠。永徽三年（652年），李忠被立为太子。王皇后本以为自己可以由此坐稳皇后的宝座了，可事实并非如她设想的那样。自从武则天进入后宫之后，其专宠的态势越发明显。

到永徽六年（655年），武则天被册立为皇后时，李忠已年满十四岁，已经是一个大孩子了，此时的他对于后宫之事已经知道了很多。每当想起王皇后被废而又惨死的那一幕，他便惶恐万分。他害怕有一天自己也会被武皇后害死，为求自保，他便主动上书要求辞去太子之位，这正是武皇后所想要的。

高宗拿到请辞书之后有些犹豫，如果立即批准的话，似乎有点不通情理，难以服众。此时，他需要有更多的人向其请愿，这样一来，也就成了顺水推舟之事。

武皇后自然不会放过这个大好良机，她立即授意属臣许敬宗上书，要求改立太子。许敬宗对高宗说道："当年永徽初年时，国本还没有生出来，就是咱们现在的皇后还没有生儿子，那没有生儿子怎么办呢？当时啊，权引彗星，越升明两，就是暂且拿过一个彗星来，把他放在太阳那个位置，让他权且照照亮，就是说李忠是一颗彗星，暂时把他拉到太子的那个位置上的。可是现在呢，我们的皇后已经生下自己的儿子，那么这个李忠怎么能还以彗星的身份来代替太阳呢？这件事情不妥当，因此皇太子得换一个人。"

就这样，李忠被废，李弘当上了皇太子。

在当上太子之前，李弘和母亲武皇后的母子关系甚好，武皇后一厢情愿地认为自己的皇后之位也能因为这个儿子而得以稳固，将来儿子继承皇位之后，她就是皇太后了。

然而现实却和她开了个大大的玩笑，渐渐长大成人的李弘对于母后的了解越来越多，他发现之前那个温柔慈爱的母亲竟然是一个心狠手辣、为达目的不择手段的女人，心里不免大为失落，同时也对母亲起了逆反之心。

李弘自幼学习儒学，性格仁厚，为人谦让有礼。很快，他身边就聚集了一大批反对武后新政的门阀贵族。这些高官贵族在和李弘混熟之后，总是在李弘耳边抱怨武皇后的施政措施如何如何不好。时间一长，李弘对母后就更加不满了，于是在政治主张上，母子开始完全对立起来，而他们之间的母子之情，也随着这种对立而越来越复杂。

这一年四月，高宗与武皇后到九成宫避暑。到了七月，九成宫的东宫新宫殿落成，高宗在此举行宴会，大宴群臣。

没想到到了第二天，高宗突然旧疾复发，于是李弘便借此机会在宫内的延福殿听政。

随着李弘越来越成熟，高宗对他的期望也越来越大。李弘在处理很多朝政时都显得恰当到位，而其仁德之心更让高宗相信，他日后必将成为一个有为的天子，同时，高宗也希望借太子之手阻止其母后专权。

武皇后当然也知道自己的儿子早已不是当年那个乖巧的儿子了，她已经明显地感觉到李弘已经离自己越来越远，和自己越来越陌生了。可尽管如此，身为一个母亲，武皇后还是对李弘表现出了最大的耐心。

然而她的愤怒终究还是被李弘点燃了。

一个偶然的机会，李弘得知当年萧淑妃所生的两个女儿义阳公主和宣城公主在其母死后，一直被囚禁在掖庭宫的一个角落里，已经整整十九年了，他不禁大吃一惊。

这两个女儿曾经被父皇视为掌上明珠，百般宠爱，如今却被关在这个无人问津的后宫，过着暗无天日、生不如死的日子，难道父皇真就如此狠心吗？他转念一想，这怎能怪父皇呢？母后专权早已不是一天两天的事了，在她成功当上皇后那天起，就已经牢牢地掌控了后宫。懦弱的父皇怎可能是母后的对手呢？既然无法和母后抗衡，他即使知道女儿受苦，又能怎么样呢？

于是，李弘立即上奏高宗，请他做主，为两位公主择婿完婚。

我们大可以想象，当武皇后知道此事后，该是何等愤怒。在她看来，李弘的这一举动无疑是对她权威的公然挑衅。她当然不能容忍有人如此跟她作对，哪怕这个人是自己曾经十分疼爱的儿子。

对此，武皇后立马做出了回应，她将李弘召到跟前，对其说道："我一直忙于政务，对这两位公主疏忽了，我会尽快将她们安顿好的。"

很快，两位公主就被释放了，并且成了婚。她们嫁给了谁呢？姐姐义阳公主嫁给了一个叫权毅的人，而妹妹宣城公主则嫁给了一个叫王遂古的人，这两个人都不是什么贵族出身，只是小小的士卒而已。

武皇后的厉害之处就在于此，她绝不会给这两位公主任何翻身的机会。虽然她们摆脱了掖庭的桎梏，但嫁给了卑微的士卒，日后的生活可想而知。

在这次母子的直接较量中，输的一方是李弘。

虽然武皇后在处理这件事的过程中，表现得极其温和，但明眼人都知道，她和太子李弘之间的矛盾已经彻底公开化了。

通过此事，李弘彻底看清了母后的歹毒，而这种歹毒迟早有一天会运用到他的身上。

于是从那以后，李弘小心翼翼，处处提防，但终究没能逃脱母后的魔爪。

一天，武皇后召李弘到合璧宫的绮云殿用膳。在整个用餐的过程中，武皇后显得极其和蔼可亲，不停地劝李弘多吃点。谁也不曾料到，饭后不久，李弘就七窍出血而死。

李弘的暴毙很快就在后宫流传开来，甚至也传到了正在文学馆读书的婉儿那里。很快，关于太子是被皇后鸩杀的谣传也如瘟疫一样，开始在后宫中蔓延开来。当婉儿听到这样的流言时，一时有些不知所措，难道自己心中那个伟大的皇后真的就是杀死自己儿子的凶手吗？一个母仪天下的皇后怎么会做出这样残忍的事呢？婉儿在心里不停地画着问号。

李贤继任太子

高宗原本打算禅位于太子李弘，如今太子突然去世，那该由谁来继任太子之位呢？作为高宗的第六个儿子，李贤成了最合适的人选。

李贤在永徽六年（655年）被封为潞王，显庆元年（656年），迁任岐州刺史，同年，又加封雍州牧、雍州都督。

和其他皇子不同，李贤举止端庄典雅，很受高宗赏识。高宗曾对大臣说："这个孩子已经读过《尚书》《礼记》《论语》，背诵古诗赋十多篇，皆能领会其中要义。我曾叫他读《论语》，他读到'贤贤易色'，就再三诵读。我问他为什么反复读，他说内心特别爱这句话，可见这孩子本性聪敏。"

到了龙朔元年（661年），李贤徙封沛王，加封扬州都督，兼左武卫大将军，仍任雍州牧。龙朔二年（662年），加封扬州大都督。麟德二年（665年），又加封右卫大将军官职。咸亨三年（672年），改名李德，徙封雍王，授凉州大都督、雍州牧、右卫大将军，食实封一千户。上元元年（674年），又依旧名李贤。

太子李弘死于上元二年（675年），这年六月，李贤被立为太子，并留守京城监国。李贤处理政务明确公允，被朝廷内外所称扬。

事实上，李贤虽然有才有德，但却一直不想过多参与朝廷政治，因为他深知其中的险恶，稍不留神，就会令自己陷入危险之境。

特别是对于大权在握的母后，李贤更是看得明白。在他眼中，母后既是一个英勇顽强、意志坚定的女人，又是一个凶狠残暴、笑里藏刀的实际掌权者。他也十分清楚母亲为人处世只有一个原则，那就是"顺我者昌，逆我者亡"。任何人，哪怕是亲人，只要违逆了她，她都不会放过。

正是出于这个原因，李贤总是刻意与母后保持距离，不想跟这个心如蛇蝎的母后产生太多的关联。

于是，在他搬入东宫之日起，就为自己选择了一条在他看来十分安全的路。为了不让母后察觉他是一个潜在的危险人物，他把大部分时间都花在了注释《后汉书》的工作之中。

这是一项浩繁的工程，必得长年累月方可完成。为此，李贤广招学士，潜心著作，从此陷入了那片浩瀚的历史烟海中。

受到武皇后召见

就在太子李贤兢兢业业修注《后汉书》时，在内文学馆勤奋苦读的婉儿也出落得亭亭玉立，宛如一个大姑娘。

也许是家族遗传，婉儿天生丽质，加上常年在文学馆内的学习，使得她在美丽之外又平添了一种优雅的气质。

和那些虽有美丽的外表内心却空无一物的女人比起来，婉儿显得格外聪颖。

在她的老师看来，如此一个富有思想、才气逼人的女孩子，如果不给她提供一个施展自己才能的平台，岂不是埋没了她的满腹才华？

于是婉儿的老师决定向武皇后推荐婉儿，武皇后很快就答应召见婉儿。

当老师把这个消息告诉婉儿时，婉儿惊呆了，她简直不敢相信这是真的。接着她飞一般地冲回家，将这个消息告诉母亲。十几年了，她从没踏出过掖庭半步，每天面对的只有母亲、老师和宫女们。她无法想象外面的世界到底是什么样子，而对于那个神秘的皇宫，她更是一无所知。

她越想越兴奋，进了家门后，直接冲向了母亲的怀里。郑氏不明就里，忙问出什么事了。婉儿脱口而出道："武皇后要召见我了！"

郑氏一听，顿时如五雷轰顶。她心想这绝不是真的，皇后怎么会召见婉儿呢？婉儿绝对不能与这个女人待在一起！她抓住婉儿的手，近乎哀求般说道："孩子不要去，你舍得跟娘分开吗？"可婉儿却根本没把她的话听进去，无奈之下，郑氏只好跑到老师那里一问究竟。

此时的郑氏早已眼泪涟涟、泣不成声，她颤抖着问道："这是为什么？为什么非要婉儿去那个是非之地？那是一个火坑，婉儿进去就出不来了！"

老师看着愤怒的郑氏，回道："难道你想让婉儿在掖庭里过一辈子吗？她才华横溢、聪明伶俐，为何不让她出去闯一闯呢？朝廷是充满了险恶，但在这个暗无天日的掖庭里苟且偷生又有何意义呢？你现在非要把婉儿留在身边，不让她去见世面，去实现自己的理想，一旦这个机会错失，将来她会恨你的。你让她出去闯，也许她的命运会就此改变呢？"

郑氏还是有些犹豫，老师继续说道："何况皇后已经决定要召见婉儿了，难道婉儿能拒绝她吗？明天早上皇后就来了，你一定要记住不要对婉儿说什么，这也是皇后的意思。"

第二天早上，武皇后果然准时来到了内文学馆。武皇后是一个极其爱惜人才的人，自从掌握朝政以来，她深刻感受到朝中需要一些朝气蓬勃、才华横溢之人来为自己效力。现在她一向信任的老师向她举荐了上官婉儿，她自然也会对其多几分兴趣，她很想亲自考一考这个被老师赞不绝口的上官婉儿。

而对于婉儿来说，这将是决定她今后命运的关键时刻。为了迎接皇后的到来，婉儿特地化了淡妆，见到皇后后，她便走上前去叩谢请安，一举一动十分得体，不卑不亢、优雅大气。身在后宫多年，武皇后看多了那些为了邀宠而奴颜婢膝的女人，然而她却从未见过像婉儿这样浑身散发着大气和智慧的女孩子。可以说，武皇后自从看到婉儿的第一眼就已经喜欢上她了。

随后，武皇后便当场命题，让婉儿依题著文。婉儿从容握笔，文不加点，须臾而成，珠圆玉润，尤其她的书法秀媚，格仿簪花。武皇后看后大为高兴，当即下令免去婉儿的奴婢身份，让其掌管宫中诏命。

可以说，上官婉儿的命运就因这次面试而被彻底扭转了。从此以后，上官婉儿正式走出了掖庭，走向了大唐王朝的前廷。对于已经摆脱了女奴命运的上官婉儿来说，她接下来的命运将会如何呢？

事实上，上官婉儿此后的命运是和以下几个人物紧密联系在一起的，他们分别是太子李贤、中宗李显、韦皇后、安乐公主、太平公主和玄宗李隆基。

对李贤的爱慕之心

太子李贤是上官婉儿一生中第一个爱慕的男人。由于李贤所住的东宫与母后住处挨得很近，又因为他身居太子监国，常常要处理朝政，这就使得他成了皇后子女中与上官婉儿见面次数最多的人。

此时的李贤已经做了两年的太子，其间，他不仅把全部精力都投注在了《后汉书》的注释中，每每涉及朝政，也总是公正明审，深受文武百官的爱戴，如此一个年轻有为的太子正是婉儿所倾慕的。

此外，李贤长得英俊挺拔，浑身散发着一种成熟男人的魅力。他不仅过目成诵，辞采风流，而且骑马狩猎样样精通。当时，后宫里的很多少女都被他那迷人的气质深深吸引着，可李贤却偏偏不正眼看她们一眼。他是如此高傲，即使那些容貌姣好的女人，他也不屑与她们交往。

婉儿经常听见有宫女私底下讨论太子，她们在谈论太子时，眼睛里充满了渴望和期待。看得出来，她们是多么希望能成为太子的女人，而即便不能成为他的女人，能在他身边当一个侍女也心甘情愿。

这样的话听多了，婉儿也开始注意起这个招人喜爱的太子。事实上，在刚开始时，婉儿并没有在意太子，在她看来，太子只是太子，哪是什么魅力四射的男人。

可随着她在武皇后身边待的时间越来越长，和太子接触的机会越来越多，她才渐渐发现，原来太子一直在深深吸引着她。此时的婉儿已经十六岁了，正是情窦初开的年纪。

然而婉儿又是倔强的，潜意识里，她不想把自己和那些庸俗的侍女们混为一谈。她觉得那些庸俗的侍女所爱慕的只是太子的权位和外表，而她所倾慕的，则是太子的人格和才华。然而，和那些整天做白日梦的侍女们不同，婉儿十分清楚，她和太子是不可能走在一起的。

自从跟随武皇后的那天起，她就一直把武皇后当成自己的榜样，时刻提醒着自己，要把精力放在向皇后学习处理权秉国政上，而不是儿女私情。而对于太子和武皇后之

当上官婉儿遇上武则天

间的矛盾，婉儿也早就意识到了。

也许是婉儿有着一种天生的洞察力，她甚至预感到，总有一天太子和武皇后之间要发生一场可怕的悲剧。事实上，这场悲剧自从李贤继任太子之时起，就已经拉开了序幕。由于与武皇后的亲密关系，婉儿也就成了这场悲剧的见证者之一。

李贤谋反被废

在母后武则天眼里，以李贤的能力、气魄和资质，日后他完全可以担当执掌大唐帝国的重任。

为了让李贤得到更好的历练，在李贤授命监国时，高宗和武皇后对于太子的臣属做了精心的安排，试图让这些人给予李贤最好的指导。

其中，他们任命戴至德为右仆射，同时任太子宾客；张文瓘为侍中，也兼太子宾客；郝处俊为中书令，同为太子左庶子；李义琰为同中书门下三品，兼太子右庶子；薛元超为同中书门下三品，兼太子左庶子；高智周为同中书门下三品，兼太子左庶子。同时还为太子配备了一大批下层属官，如太子洗马刘讷言、司议郎韦承庆、太子典膳丞高政等。当时的两馆学士来教导、陪伴太子读书者，要么是唐初名臣之后，要么是学富五车的鸿儒。

起初，李贤在这些大臣的辅佐下，表现甚好，舆论甚佳。高宗和武皇后听到这样的消息也都十分高兴，为此高宗还专门优诏表扬道："皇太子贤自顷监国，留心政要。抚字之道，既尽于哀矜；刑纲所施，务存于审察。加以听览余暇，专精坟典。往圣遗编，咸窥壸奥；先王策府，备讨菁华。好善载彰，作贞斯在，家国之寄，深副所怀，可赐物五百段。"

受到父皇和母后表扬的李贤自是十分高兴，于是他又召集身边的辅官如太子左庶子张大安、洗马刘讷言、洛州司户格希元和学士许叔牙、成元一、周室宁等，注释范晔的《后汉书》，此举更是让高宗和武皇后大为满意。

可以想象，如果李贤能保持这样的作风的话，将来必会荣登大宝，掌管天下。然而此时的李贤在得到父皇和母后的夸赞之后，却变得日益骄傲放浪起来，身上的重任早已被他抛在了脑后。

他要么经常率领着身边的武士到郊外纵马游猎，要么就是和东宫的奴仆、乐优们日夜游乐，纵而无度。这还不够，他还宠幸娈童，豢养男宠，往往一掷千金。

左右大臣们虽将李贤的荒唐之举看在眼里，却不敢进言劝谏。那些下级臣属为了讨好他，处处迎合，百般谄媚。在这些人的推波助澜之下，李贤俨然成了一个恶行昭著的无赖。

为劝诫太子，武皇后专门赐给他《少阳正传》和《孝子传》等书，"又数作书诮让之"。

正所谓："因怨成仇，因仇生嫌。"对于母后的教诲，李贤不但不听，还心生反感，母子关系从此便有了裂痕。

因为对母后产生了恨意，李贤就格外注意那些有关母后的谣言，他甚至还专门派人去打听。

身为监国太子，想打听点儿他母亲的事易如反掌。在那些辅佐他的大臣中，很多人都对武皇后很有成见。如今见太子对武皇后心怀怨恨，便趁机在太子面前搬弄是非。

典膳丞高政是长孙无忌的亲戚，在长孙无忌被武皇后扳倒的过程中，高政一家也受到牵连，因此高政一直对武皇后恨之入骨，现在太子怨恨武皇后，这便给了高政从中挑拨的机会。

于是他把当年武皇后如何害死韩国夫人、魏国夫人、前任太子李弘等事全都慢慢透露给了李贤。他还趁机添油加醋，说武皇后现在把持朝政，控制高宗，目的就是将来夺李家的天下。

对于这些消息，李贤都记在了心里。但李贤还听到了一个传言，说他不是武皇后的亲生儿子，他的亲生母亲是武皇后的姐姐——韩国夫人！

这个谣言对于李贤来说，无疑是五雷轰顶。他立马想到以母后的凶残本性，连自己的亲生儿子和亲姐姐都能杀，那么杀死一个不是自己亲生的太子，她又有何顾忌呢？李贤不禁感到后背发凉。

李贤对武皇后的疑神疑鬼，精明的武皇后也察觉到了，这使得她不禁想起了一个叫明崇俨的巫师所说过的话。

这个明崇俨虽然是个靠法术混饭吃的巫师，但他的官职却不小，因其入宫为高宗治病，受到赏识，而被封为正谏大夫，官居五品。

一次，他在谒见武皇后时，主动提出要为她的三个儿

当上官婉儿遇上武则天

子预测未来，武皇后二话没说就答应了。待她摒退左右之后，他对武皇后说道："现任太子李贤终究不是继承皇位的人选，他满面的怨气必然毁掉前程，迟早罢了；英王李显貌像先皇太宗，但却又不似有大作为的样子；而相王李旦，相貌极贵，有天子之气，日后很可能就……"明崇俨说到一半就不说了，然后神秘兮兮地走出了后宫。

明崇俨一走，武皇后就开始认真掂量起这三个儿子来。事实上，武皇后是个极有主见之人，否则她也不会登上皇后的宝座。对于明崇俨的话，她并没有真的相信，相反她倒觉得此人有故作聪明之嫌，他竟然胆大包天敢对皇子们乱下断语，实在是个不知天高地厚之徒。然而，正是因为受了他的点拨和提醒，武皇后才将这三个儿子放在一起认真比较起来。

在她看来，李贤才是三个儿子中最有出息的，身为母亲，她当然最了解自己的儿子。

宫里人多口杂，很快明崇俨算命的消息就传到了李贤耳中。李贤更加害怕了，甚至到了神经过敏的地步。他一心认为明崇俨的预言就是母后的决定，明崇俨是在和母后密谋废掉自己，他越想越怕，担心母后有一天真要了自己的命。

这可怎么办呢？他心想自己现在没有一点儿防备，万一有一天母后真要对自己痛下杀手，就只能坐以待毙。与其这样，不如事先做好准备，一旦情况紧急，还可以抵抗，倘若时机成熟，还可先发制人。

于是他暗中集结了一批武士，准备了数百套武器，藏在了东宫的马坊里。为了刺激武皇后，他还写了一首打油诗，让乐工配曲传唱。这首诗是这样写的："种瓜黄台下，瓜熟子离离。一摘使瓜好，再摘令瓜稀。三摘犹尚可，四摘抱蔓归。"歌词的寓意十分明白，它就是在讽刺母后的心狠手辣、杀人如麻。

一次，武皇后命李贤去洛阳随驾，李贤更加害怕了，以为自己是有去无还了，所以迟迟不肯动身。武皇后见李贤迟迟不肯动身，遂起了疑心，于是她开始暗中派人调查，结果李贤私藏武器之事很快就被揭发了。到了当年八月，诏书下达：太子李贤废为庶人，流放巴州。

就在李贤被废的第二天，英王李显被立为太子。

武后的爱女

按年龄算，太平公主和上官婉儿年纪相仿。然而与出身高贵的太平公主比起来，上官婉儿的命运自然要悲惨很多。上官婉儿不到一岁时，就和母亲进入了掖庭，当了女奴，她的童年是在别人的白眼和不幸中度过的。而太平公主却大为不同，她是含着金汤匙来到这个世界上的，作为大唐的第一公主，太平公主的童年时代可谓是无忧无虑，享尽了父皇和母后的百般宠爱。当上官婉儿在内文学馆里埋头苦读时，太平公主还在父母的怀里撒娇呢。她根本不会知道，此时一个命运悲惨的女孩正在后宫的一个角落里挣扎着，生存着，而这个女孩将会在多年之后，和她产生密切的联系。

虽然太平公主有一个在当时的人看来离经叛道的母后，然而由于其在少年时代接受的是传统的封建教育，所以那时的太平公主一心想遵循传统，做一个孝女，将来做一个贤妻良母。

太平公主是如何做一个孝女的呢？

据说当年武皇后在其母杨夫人死后悲痛万分，当时流传着一个为已逝之人求冥福的说法。如何求呢？由于当时李唐王朝将道家之祖视为自己的祖先，所以大都信奉道教。按当时的说法，如果已逝之人的亲戚能够进入道观修行，那么已逝之人就可以在阴间享福。武皇后深爱着自己的母亲，但身为李唐王朝的皇后，她怎么能去做道姑呢？想来想去，她决定让自己的小女儿太平公主代替自己进入道观修行。

就这样，小小年纪的太平公主成了一个小道姑。只不过，她不用和其他道姑一样一直待在道观之中，而是在举行一些庆典时出席一下就行。

当太平公主长到十二岁时，有人前来提亲了，此人便是吐蕃的首领。一向疼爱女儿的高宗和武皇后自然不舍得把女儿嫁到那么远的地方，于是就借故推掉了，太平公主的婚嫁之事从此就被搁置了下来。一转眼几年的时间过去了，太平公主已经十七八岁了，此时的她早已有了出嫁之心，可父皇和母后却一直没有动静。

为了提醒父皇和母后，太平公主想出了一个计策。这一天，高宗举行家宴，太平公主也来了，可她的装束却十分特别。她身穿一袭紫袍，腰间围着玉带，头上戴了一块黑色的方巾，还挎了一张弓箭。来到高宗和母后面前，便开口道："请让女儿为父皇和母后跳一支舞吧。"高宗当然很高兴，马上就答应了。

于是太平公主就跳了一段当时的军官跳的舞蹈。看到这里，高宗和武皇后不由得笑了，他们没想到公主会跳这么一段青年武官的舞蹈。高宗当即就问道："女儿乃一女儿身，为何要这副打扮呢？"太平公主回道："您如果觉得我穿这身衣服不合适的话，那就把它赐给驸马好了。"直到此时，高宗和武皇后才终于意识到，原来自己的女儿已经十七八岁，该是出嫁的时候了。

于是，他们就开始为公主精心挑选起了驸马。经过一番精心的筛选，他们最终选定了一个叫薛绍的人。

这个薛绍是何许人呢？他怎么能最终进入高宗和武

皇后的法眼呢？这个薛绍也是出身于名门望族，是河东大族薛氏的后代，其父当年也是一个驸马，而所娶的公主正是唐太宗李世民和长孙皇后所生的女儿，也就是高宗的亲姐姐城阳公主。薛绍不仅有着高贵的出身，其自身条件也十分优秀。他长相英俊，和太平公主是从小玩到大的伙伴儿，两人可谓是两小无猜、青梅竹马。

驸马的人选敲定之后，高宗和武皇后很快就在开耀元年（681年）七月，为两人举行了盛大的婚礼。这场婚礼堪称有唐以来第一场豪华的婚礼，其场面之盛大令人惊叹。

对此，《新唐书·公主传》曾有如下记载："假万年县为婚馆，门隘不能容翟车，有司毁垣以入，自兴安门设燎相属，道樾为枯。"

从此太平公主和薛绍过起了甜蜜、幸福的婚姻生活，她相继为薛绍生下了四个儿女。此时的太平公主一心想当一个理想中的贤妻良母，可她的愿望真的能成真吗？如果说太平公主只是一个平凡人家的女儿的话，要想实现这个愿望一点都不难，然而对于一个出身大唐皇室的第一公主来说，她从出生那天起就注定这一生要跟政治结缘。当幸福的婚姻生活被强行注入了政治元素的时候，我们可以想象这样的婚姻将会是怎样一个结局，这是太平公主无法掌控的。

第一章 血雨腥风

第二章
政局变幻

变幻的政局、变幻的命运，从掖庭走到武则天御案前的上官婉儿，凭借自己过人的才智，深得女皇宠爱。然而，此时的上官婉儿早已不是当年那个单纯无瑕的少女，她已长大，心态已经发生了翻天覆地的变化。

高宗之死

　　就在太平公主完婚后不久，高宗的病情越发严重了，在病痛的折磨下，高宗的精神状态也一天不如一天。

　　眼看御医的药方毫无效果，高宗只好学起了父皇太宗，开始服用方士炼制的丹药，幻想依靠那些散发着异味的黑色药丸祛病强身，益寿延年。可即便如此，他的病情依旧没有好转，反而还越发严重了。

　　眼看高宗的身体每况愈下，满朝文武个个忧心忡忡。然而身为他妻子的武皇后却没有丝毫悲痛之心，此时的她正在为篡夺天下大权而做准备。

　　一天，武皇后突然提出了一个建议，希望高宗带领文武百官到洛阳的嵩山举行封禅大典，以祈求上苍保佑大唐风调雨顺、国泰民安，同时也保佑皇帝龙体康健、长命百岁。

然而这个建议被高宗以病情加重无法承受长途颠簸为由拒绝了，武皇后对此大为失望。事实上，武皇后酝酿夺权的计划，自从她废掉太子李贤之后就已经开始了。

武皇后之所以要求高宗到洛阳封禅，其实她的真实意图是想把朝廷从长安迁到洛阳。原因很简单，长安是李唐旧势力盘根错节的老巢，这对于她的篡权计划十分不利。而东都洛阳就不同了，那里是她经营多年的根据地，只有在那里，她才能把一切都掌握在自己手中。

可现在高宗拒绝了她的建议，她该怎么办呢？就在武皇后愁肠百结之时，一场恰逢其时的饥荒帮了她大忙。永淳元年（682年）四月，也就是武皇后提出封禅建议半年之后，关中地区突然爆发了严重的饥荒，随着关中各地汇报灾情的奏折纷纷送到朝廷，高宗心急如焚。

由于洛阳拥有便利的漕运，储存了大量从江淮运来的粮食，所以从隋朝开始，每当关中出现灾荒，朝廷都会前往洛阳就食，这已经成为惯例。既然如此，高宗最终决定东幸洛阳。

很快，高宗和武皇后就带领着文武百官启程了。

此时的武皇后恨不得一步跨到洛阳去。当天子銮驾刚一抵达洛阳时，她就开始谋划新的行动了。

很快，武皇后就以迅雷不及掩耳之势，重新提拔了四个亲信为宰相。就在武皇后紧锣密鼓地筹划自己的夺权行动时，高宗的病情也在继续恶化着。

高宗本打算于当年十月举行的嵩山封禅，因此被推迟到了次年的正月。

到了八月，高宗自知将不久于人世，便紧急下诏，命太子李显急赴东都洛阳，以便在其驾崩后，太子随时即位。

十月，高宗和武皇后从洛阳起程，前往嵩山脚下的奉天宫，以筹备三个月后的封禅大典。可刚到奉天宫，高宗就因病势沉重取消了嵩山封禅的计划。

高宗的病情一再恶化，眩晕越来越严重，到最后甚至出现了失明的症状，左右御医皆无计可施。弘道元年（683年）十二月初四，高宗最终撒手人寰，时年五十五岁。临终前，他留下遗命，由宰相裴炎辅佐朝政，同时留下了一份遗诏："皇太子可于枢前即皇帝位，其服纪轻重，宜依汉制……军国大事有不决者，兼取天后进止。"

作为李唐王朝的一朝天子，高宗的英年早逝不失为一个莫大的遗憾，然而从另一个角度来说，他的早逝也为武皇后的最终称帝提供了机会。而作为武皇后的贴身秘书，上官婉儿也因武皇后的荣登大宝而平步青云，正式登上了政治舞台。

新君被废，波澜再起

在高宗去世七天后，太子李显即位，是为唐中宗，尊武皇后为皇太后，政事暂由皇太后听决。

此时的李显二十八岁，已近而立之年，在武皇后所生的子女中，他的品行和学识最差。曾有史官如此评价他："廉士可律贪夫，贤臣不能辅孱主。诚以志昏近习，心无远图，不知创业之难，唯取当年之乐。"

在还未晋升为太子之前，他不学无术，不求上进，德才皆无；继任太子后，更是终日游猎戏耍，不务正道。纵使身边的属官百般劝谏，他却当成耳旁风，仍然我行我素。他不仅行事荒唐，而且性格极其懦弱，根本不是一块当皇帝的料。对此，高宗和武皇后也心知肚明。

然而李贤被废之后，按顺序只有他可以继太子之位。高宗深知李显无法堪当重任，所以才留下遗诏让其母后掌管军国大事。

当时对于武皇后来说，可谓是"受玉几之遭顾，托宝业于穷荒"。其实直到此时，武皇后已经参与朝政长达三十年。对于大唐王朝的政局，武皇后早已了如指掌。为了稳定朝局，她立即做了一系列的安排。

她所做的第一件事就是安抚宗室诸王。在她看来，这些人权大势大，是当时最危险的因素之一。只有把这些人稳定下来，才能确保王朝的安宁和稳定。

当时，这些人大多是重要地方的世袭刺史，食有庞大的封邑。在历朝中，每逢新皇登基，这些位高权重的王爷常常会和反对派携手发动变乱。高宗去世后，这些人便顺理成章地成了辅佐新皇帝的要员。为了拉拢他们，武皇后很快就任命泽州刺史、韩王元嘉为太尉，霍王元轨为司徒，舒王元名为司空，滕王元婴为开府仪同三司，鲁王灵夔为太子太师，这些人是高祖的五位庶子。同时尊越王贞为太子太傅，纪王慎为太子太保。这些官职都是朝廷中极高的品级，如此一来，他们也就无话可说，不再致乱。

武皇后所做的第二件事就是建立新君的朝廷中枢。为此，她提拔了一大批文臣武将，授以要职。其中，老臣刘仁轨为左仆射，裴炎为中书令，刘景先为侍中，岑长倩为兵部尚书参知政事，魏玄同为黄门侍郎参知政事，提拔左散骑常侍韦弘敏为同中书门下三品，北门学士刘祎之为中书侍郎。

同时为防备发生不测之事，武皇太后还派左威卫将军王果、左监门将军令孤智通、右金吾将军杨玄俭、右千牛卫将军郭齐宗分往并州、益州、荆州、扬州四大都督府，与府司相知镇守。

果敢决断的武皇太后通过这些举措，很快就稳定了高宗去世后的内外政局，并进一步强化了中央和地方的统治力量，一时间朝野为之敬服。

大唐王朝此时的形势可以说是一片大好，然而就在这时，中宗李显却出了问题。

嗣圣元年（684年）正月初一，中宗改元嗣圣元年，大赦天下。次日，册立太子妃韦氏为后，同时擢升韦后之父韦玄贞为豫州刺史。

豫州是中原要冲，统辖东都洛阳周围各州县，按常理应让朝中位高权重之人担任豫州刺史一职，而韦玄贞只是一个普通的参军而已。然而，中宗李显却仍嫌岳父官职不够高，于是第二天又要将其提为侍中，侍中是当朝宰相，为朝中首辅之一。甚至，他还想把奶妈的儿子也授为五品官。

这样的想法可谓是荒唐至极，自然也招来了朝中大臣的反对。辅政大臣、中书令的裴炎上言劝谏，坚决不同意皇帝这一荒唐的决定。

其实中宗李显之所以这么做，全受韦后指使。韦后是个心计十足且野心勃勃的女人，自己当上皇后之后，一心想让自己的家人亲戚也跟着沾光。中宗李显见裴炎固执己见，大怒喝道："我以天下与韦玄贞何不可！而惜侍中邪！"裴炎见劝阻无用，只好将此事禀告给了武则天。

武则天听后顿时火冒三丈，她没想到中宗李显竟会为了自己的皇后做出如此荒唐之事，日后天下定会被他搞得一团糟。于是她当机立断，与裴炎一起商量君主废立之事，在商定具体措施安排之后，她亲自草拟了废黜皇帝的诏令。

嗣圣元年（684年）二月六日，武则天在乾元殿召集百官，裴炎当众宣布："中宗昏庸无德，不堪为一国之君，立即废为庐陵王！"随后，将中宗软禁，中宗长子、皇太子李重照也被废为庶人，韦玄贞被流放到钦州（今广西钦州）。没过多久，武皇太后又把庐陵王李显迁往湖北的房州（今湖北房县），几天后又迁到均州（今湖北丹江口市）。

次日，李旦继位，是为唐睿宗，其长子李成器被立为皇太子。

中宗李显只在皇帝位上坐了短短三十六天就被废掉了，那么他和韦后将来的命运又会如何呢？也许中宗根本不会想到，他和韦后的命运会因为一个人而最终发生逆转，这个人就是武后身边的上官婉儿。

武则天称帝，婉儿得势

可以说，高宗的去世是武则天政治生涯的分水岭，他的去世开启了武后真正独断朝纲的时代，历史上将这段时期称为"则天朝"。李旦虽然被推为皇帝，但他并未真正掌握大权，事实上，他只是母后手里的一颗棋子。武则天为了把持朝政，在李旦刚刚当上皇帝时，就将其软禁起来，开始临朝称制。

在软禁了皇帝李旦之后，武则天想起了此时远在四川巴州的废太子李贤。为防止李贤图谋不轨，她派遣酷吏丘神勣赴巴州，逼其自尽。李贤一死，武则天立即在洛阳城召集文武百官为李贤发丧，场面极其盛大，她是想以此来昭告天下，废太子李贤已死。

除掉李贤之后，已无后顾之忧的武则天开始为自己的家族子弟升官加爵，同时还追尊武氏先人。

她将自己五代以内的先祖，男封王，女封为王妃。此外，她还专门建立了武氏七庙。这是一个有违常理、破坏传统礼法的做法，按照中国的传统礼制，只有天子才可建立七庙，武后竟然敢公然违背礼制，足见其代李称制的野心。

与此同时，她将自己同父异母的哥哥武元爽之子武承嗣提拔为了宰相，而将另一个哥哥的儿子武三思升为了兵部尚书。明眼人都看得出来，武后此举就是想通过两位侄子将国家大政牢牢控制在自己手中。

此外，她还将东都改为神都。不难看出，她的这些举措都是在为日后称帝做铺垫。

然而，就在武后改元称制、除旧布新之际，一场叛乱也正在酝酿之中，发动这场叛乱的主角便是唐朝勋旧大臣的后代。

正如传统史家所说："当时诸武用事，唐宗室人人自危，众心愤惋。"在这些人看来，武后称帝之心昭然若揭，倘若她真当上皇帝，那么如他们这般旧日李唐王朝的宗室大臣们必然会受到排斥，惨遭迫害。

这场叛乱的领导者名叫李敬业，此人出身豪门，乃太尉、英国公、扬州大都督李勣之孙。

作为李唐王朝建国后的三代功臣，李勣在当年武皇后冲击后位时，曾立下过汗马功劳，深得武则天和高宗敬重和宠信。据说，在李勣去世时，高宗宣布罢朝七日向其表示哀悼。

然而，作为李勣的孙子，李敬业、李敬猷这两兄弟虽然荫袭了祖父的高爵，却都是不思进取、游手好闲之徒，终因贪赃枉法遭贬。

然而他们仍不思悔改，为了发泄怨气，便纠集了一些犯官坐在一起商议反叛之策。

在这些犯官中，有一个叫魏思温的人，曾官居监察御史，后因犯法一再遭贬。此人乃文人出身，颇有政治头脑，于是他就成了这次叛乱的主导者。

他先让党羽监察御史薛仲璋上奏请求出使江都。此时，武则天正派御史到各地进行监察工作，于是就批准了薛仲璋的奏折。待薛仲璋到达江都后，他又让另一个党羽韦超到薛仲璋处告发扬州都督长史陈敬之谋反。如此一来，薛仲璋就以中央御史的身份将陈敬之逮捕，这样他们就控制了军事重镇扬州。

接下来，李敬业便自称"奉旨"前往扬州，担任扬州司马，随后又假称高州地方酋长冯子猷谋反，发兵前去讨伐。随即，他们打开府库和监狱，释放囚犯，大肆招兵买马，很快就将陈敬之杀死。在控制了扬州军队之后，他们便四处发布讨伐武则天的檄文，号召天下为匡复庐陵王而战，叛乱正式爆发。

其实，武后在高宗去世之后就已经做好了各种军事准备，以防万一。在得知扬州爆发叛乱后，她立即敕令左玉钤卫大将军李孝逸领兵三十万前往讨伐，李知十、马敬臣为副帅，同时下令追夺李敬业祖父李勣的官爵，掘其坟墓，碎其棺木，复其徐姓。

谁知身为一代武将的后代，李敬业却对领军作战一窍不通。面对汹涌而来的大唐官兵，李敬业不知所措，方寸大乱而轻信薛仲璋的退守之策，下令唐之奇守江都，李敬猷屯军淮阴，韦超屯兵都梁山，自率人马取润州（今江苏镇江）。

由于润州只是一个小镇，镇守兵力不足，李敬业刚开始进展颇顺。而随着李孝逸大兵赶到，李敬业急忙由润州退兵拒守，屯兵于高邮县下河溪。

随后双方展开了拉锯战，就在李敬业的叛军早已疲惫不堪之时，副将魏元忠建议李孝逸采取火攻之计，借风势纵火烧敌。李孝逸从之，结果李敬业大败，叛军死伤无数。

李敬业慌忙之中欲逃往高丽未果，结果被部将所杀，至此，历时四个月的扬州叛乱最终被彻底剿灭了。

其实就在武则天征讨扬州叛乱的过程中，她还做了一件大事，那就是杀掉了宰相裴炎，这是怎么回事呢？

据史料记载，裴炎乃山西闻喜人，裴氏在当地是豪门大族。早年裴炎曾在弘文馆就读，后来在科举中及第，得以进入仕途。按理说，出身世家大族的裴炎是不可能被一向仇视贵族的武后看中的，而裴炎之所以能入朝为官并且受到重用，却是拜一次"极端灾害"所赐。

675年，唐朝关中地区突然遭遇旱灾，旱情极其严重，百姓一连三年颗粒无收，生活困苦不堪。

与此同时，唐朝与吐蕃之间争夺安西四镇的战争也在如火如荼地进行之中，连年战争耗损巨大，国家经济已经到了捉襟见肘的边缘。不堪重负的唐王朝一心想着灾情很快就会过去，可不承想这场旱灾不但没有马上结束，反而还越发严重了，唐王朝紧张的粮食储备令人担忧。

此时，时任御史的裴炎站了出来，他果断建议高宗，立刻停止与吐蕃的战争，然后调边军回关中，引黄河水灌溉关中以缓解旱情。这个听上去有些疯狂的建议立刻遭到了举朝的反对，唯有武皇后一人表示支持，最终高宗采纳了裴炎的建议。

他任命裴炎全权负责修筑连接渭水到黄河的水利灌溉工程之事宜，工程竣工之后，灌溉良田无数。事实正如裴炎所料，这场旱灾竟然一直持续到了681年。而随着这项水利工程的竣工，关中平原竟然出现了灾年无灾的奇迹，之后几年粮食收成日益回升，唐王朝也因此度过了一段最艰难的时期。

这件事让裴炎大受武皇后赏识，他也因此被提拔为同中书门下三品，成为署理国家朝政的宰相，同时还兼任太子李显的老师。后来，唐高宗东巡时，裴炎受命协助太子监国，颇得好评。

高宗重病弥留之际，曾专门单独召见裴炎托孤。李显即位后，裴炎被任命为中书令，可谓是一人之下万人之上。

而此时的武则天更是对裴炎宠信有加。后来，二人共同谋划废掉了中宗李显，改立李旦为帝。

如果两人能继续保持这种合作态势的话，关系必会十分融洽，武后自然也会将这位兢兢业业的臣子倚为心腹重臣。

可事实偏偏没按预想的轨道发展，事实上，自从武则天的娘家宗族开始参政，裴炎就已经开始对武则天有不满之心了。裴炎是个十足的忠臣，一心维护李唐王室。当他听说武则天的侄子武承嗣竟然建议武后追封武家七代先祖时，不禁怒火中烧，坚决反对，在他看来，这样的行为就是僭越。

然而，此时的裴炎还是对武则天抱有一丝幻想的。作为武则天身边的大臣，他十分了解武则天，对于其辅助弱君的能力从不曾怀疑。他一心希望武则天能够凭借自己的精明强干帮助新君撑起大唐帝业，于是，他常常以吕后为例，劝解武则天不要越轨。

可是他根本不会想到，此时的武则天早已有了做皇帝的念头，怎会因为他的劝解就打消了呢？就这样，裴炎成了武则天称帝路上的绊脚石。

后来，李敬业在扬州起兵，公然反对武则天专权。情急之下，武则天向裴炎问计。裴炎认为，只要她归政于皇帝，叛乱自然平息。这最终惹怒了武则天，武则天盛怒之下，当场将其投进了监狱，仅仅过了十天，裴炎就人首异处了。

裴炎的死及成功平定李敬业叛乱，最终使得武则天为自己的登基扫清了道路。

紧接着，她又对宰相班子进行了一次大换血。她将之前的几个宰相罢免，任命效忠于己的韦方质、武承嗣、韦思谦为新任宰相，很快，她就建立了一个完全效忠于自己的执政集团。

此外，她还利用迷信手段为自己登基造势。

一日，武承嗣派人送来一块刻着"圣母临人，永昌帝业"的白色石头，谎称是来自洛水。武则天大悦，遂改年号为"永昌"。此外，她还接受了睿宗和群臣上的尊号"圣母神皇"。

武则天画像

690年，武则天认为亲临帝位的条件成熟，便令佛教僧人大肆散布"武后为弥勒佛转生，当代唐为天子"的舆论。接着，她又让睿宗率领六万臣民向其上表劝进，请改国号之事。到了九月九日重阳节这天，武则天举行了隆重的登基大典，改唐为"周"，自号"圣神皇帝"。直到此时，觊觎皇位已久的武则天终于实现了自己的梦想。

武则天称帝不仅改变了她自己的命运，也改变了她身边很多人的命运。作为一直跟随在她身边的上官婉儿来说，其一生的命运也由此而彻底改变。

有人说，上官婉儿能位居高位是上天注定的。传说上官婉儿的母亲郑十三娘怀上官婉儿时，梦见有人送自己一杆大秤，解梦者说："当生贵子，手握天下大权。"对此，新唐书的《后妃列传·上官昭容》中也有记载。上官婉儿从一个罪臣之女到称量天下，她的成长得自天赋，得自环境，更得自武则天，是武则天给了她一个千载难逢的机遇，使得她这块金子得以在大唐的政治舞台上闪闪发光。

对于上官婉儿来说，武则天虽是她的杀父仇人，与其有不共戴天之仇，但这位执掌天下的女皇却也是最欣赏她、最懂得她、最喜欢她的人。

正是因为女皇开始了她辉煌的帝业，上官婉儿才有了位居高位的机会。这年，女皇六十二岁，上官婉儿二十六岁。

为骆宾王求情

骆宾王，字观光，唐朝初年著名诗人，与王勃、杨炯、卢照邻合称"初唐四杰"，骆宾王虽为一介文人，却满怀一腔的政治抱负，他希望自己将来能在仕途上有所发展。

唐龙朔初年，骆宾王担任道王李元庆的属官，后来相继担任武功主簿和明堂主簿。唐高宗仪凤四年（679年），升任中央政府的侍御史官职。骆宾王虽然文章写得好，但对于如何处理和朝廷同僚的关系却一窍不通。他性格耿直，疾恶如仇，经常和那些八面玲珑、圆滑狡诈的官员们发生争执。他也因此一再受到排挤，常常被罢官去职。

虽然屡遭打击，政治上郁郁不得志，但骆宾王却始终怀有一颗致世之心，一心想为国效力，干出一番轰轰烈烈的事业。

由于骆宾王在当时已经大名在外，所以他就成了李敬业拉拢的人之一。一天，李敬业找到了他，劝他加入起兵之列。骆宾王认为机会终于来了，当即就答应了李敬业。

为了壮大声势，赢得舆论支持，李敬业让文采斐然的骆宾王撰写讨伐武则天的檄文。面对当时李唐王室的现状，骆宾王感慨万千，当即起笔，片刻之间，便写就了著名的《为徐敬业讨武曌檄》。

李敬业拿到这篇《为徐敬业讨武曌檄》后，立即命人散发出去。一时间，扬州城里几乎是人手一份。在这篇激情四射的《为徐敬业讨武曌檄》的激发和号召下，人们纷纷拿起武器，加入了起义队伍之中，使得李敬业在很短时间内，就召集了近十万人的军队，可谓是声势浩大，势头强劲。

后来，李敬业兵败被杀，轰轰烈烈的讨武战争仅仅坚持了一个多月就以失败告终。

一次偶然的机会，上官婉儿从宫人手中得到了这篇檄文，她仔细一看，不禁为飞扬的文采所打动，爱不释手。婉儿本身就是一个精通文墨之人，见到这篇檄文，她不禁对其作者产生了欣赏之情。在她看来，能写出如此气势恢宏、磅礴大气的文章的人，必是一个才华横溢之人，这样的人倘若为朝廷所用，日后必会成为国之栋梁。

这天，婉儿拿着檄文入见武则天。武则天看到后，令她当场诵读出来。读毕，武则天立即问道："如此文采，是何人所作？"婉儿本以为武则天会大发雷霆，没想到武则天竟然为骆宾王的文章拍手叫好，于是她立即下跪，请求武则天赦免骆宾王的死罪。多一个人才辅佐，对于国家来说自然是一件好事，武则天点头同意了。

正是婉儿的一句话，拯救了骆宾王，使其躲过了武则天的屠刀。

计杀薛怀义

荣登大宝的武则天在万众的欢呼声中开始了自己的霸业。在向权力的顶峰一步步攀登的过程中，武则天充分发挥了自己的聪明才智，没有她的能谋善断、纵横捭阖，是难以完成这一壮举的，当然这也少不了她身边人的鼎力相助。

其中，作为她第一个男宠的薛怀义功不可没。这薛怀义是何许人呢？薛怀义原名叫冯小宝，京兆鄠（今陕西西安市鄠邑区）人。起初，冯小宝是在洛阳街头卖药的，他整日在洛阳城里走街串巷，因其长相英俊，身材魁梧，所以总会引来很多女子的目光。

千金公主（唐高祖李渊之女，后被武则天收为义女）的一个侍女到街上买东西，看上了冯小宝。后来，这个侍女把冯小宝引到公主府里约会，不承想却被公主发现。公主非常生气，便将两人招到面前，准备重重责罚一番。

可当冯小宝走到她面前时，公主一下子怔住了。眼前的这个男人可谓是相貌堂堂，一表人才。这时，千金公主有了一个新主意。此时的她正在想方设法巴结武则天，既然自己手里有这么一个仪表堂堂、身强体壮的美男子，何不将其献给武则天呢？

这时的武则天还是太后，不过因高宗已经去世，所以宫中已经没人可以约束她了。再加上她刚刚平定完李敬业叛乱，紧绷的神经正需要放松放松。正在这时，千金公主把"礼物"给她送来了。武则天一看冯小宝，立马就喜欢上了他，两人从此开始在宫中私通。

时间一长，武则天觉得老这么偷偷摸摸的似乎有些不妥，为避免外人察知，也为了便于小宝出入宫禁，武则天想出了一个主意。由于当时佛教盛行，很多僧人常常因事出入宫中，于是武则天就让冯小宝削发为僧，这样一来，冯小宝就可以大大方方地出入了。又考虑到冯小宝出身卑微，为了提高他的身份，武则天让冯小宝改姓薛，取名怀义，与太平公主的丈夫薛绍为一族，并命薛绍认冯小宝为季父。

冯小宝能说会道又极善察言观色，所以深受武则天宠爱。从此，他便引洛阳僧法明、处一等数人在宫内诵经，出入宫乘厩马，以中官侍从、武氏诸王及朝官见之以礼相让。

685年，冯小宝建议武则天在洛阳西修建白马寺院，武则天答应了，还让他当了白马寺的监修，负责整个工程的修建工作。

仗着武则天给自己做后台，冯小宝恃宠而骄，变得骄横跋扈起来。寺中僧人在其煽动下不守法度，仗势横行。

右台御史冯思勖对冯小宝的行为很不满，屡次上奏武则天弹劾他，冯小宝因此对其恨之入骨，命随从将其打成重伤。688年初，冯小宝为讨好武则天，上奏拆掉乾元殿，更建明堂。武则天准奏，以其充使督工，征民夫数万。据《旧唐书·薛怀义传》记载："明堂大屋凡三层，计高三百尺。"明堂修成后，冯小宝又建议武则天在其北侧另修一座天堂，规模次于明堂。工程完工后，武则天大为高兴，拜冯小宝为左尉卫大将军，封梁国公。

689年，突厥犯边，武则天命冯小宝为清平道大总管，率军御敌。他领兵北行至定襄郡大利县的紫河，未遇见突厥军队，在单于台（今内蒙古呼和浩特市西）刻石记功而还，武则天加授他为辅国大将军，进右卫大将军，改封鄂国公、柱国，赐帛两千段。

此时的冯小宝可谓炙手可热，如日中天。

695年，突厥再次进犯，武则天又命冯小宝率军抗敌，冯小宝便率领大军浩浩荡荡出征了。不知什么原因，还未等冯小宝的军队到达，突厥人又撤离了，这次出征，冯小宝又捡了一个大便宜。回来的路上，他更加趾高气昂，一副不可一世的样子。他也曾不止一次地想象，武则天在得知捷报后，会怎么奖赏他。

可是当他回到宫中时却发现那个一直视自己为唯一的女皇竟然与御医沈南璆私通，冯小宝顿时醋意大发。

冯小宝的身份虽然是武则天的男宠，然而他却也是一个色胆包天之人。他在侍奉武则天的同时，竟然对上官婉儿起了色心。

此时的婉儿已经二十六岁，身上已经有了成熟女人的韵味，再加上她那倾国倾城的美貌，对于冯小宝来说可谓杀伤力十足。

每次看到婉儿，冯小宝总会心驰荡漾。他一直在寻找靠近婉儿的机会，机会终于来了。

一天深夜，冯小宝入宫求见女皇，此时的女皇正在跟沈南璆打得火热。听到冯小宝求见，女皇脸色大变，立即吩咐婉儿前去将冯小宝打发走。

跟了女皇多年，婉儿是十分了解她的，婉儿知道此时的女皇已经不再待见这个男人了，想到这，她不禁为冯小宝的失宠感到唏嘘。

然而她根本不会想到，这个已经被女皇抛弃的男人此时正在慢慢逼近自己。突然她手里的灯掉在了地上，就在她蹲下去捡灯笼时，冯小宝从身后抱住了她。对于婉儿来说，这是一个她一生都无法忘掉的夜晚，也是一个曾被自己瞧不起的男人给予自己侮辱的夜晚。

同时她也十分清楚，一旦女皇知道了此事，那对于她来说，将是一种灾难。女皇怎么会允许自己的侍女跟自己曾经宠爱的男人有染呢？

这该怎么办呢？婉儿决定赌上一把，采取先发制人之策。于是，她便向女皇禀报了此事。

事实上，此时的婉儿不知道女皇会站在哪一边。说完之后，婉儿心里不停地打鼓，等着女皇最后的发落。许久，女皇说道："朕对他已经仁至义尽了，你们自行处置吧。"听到这话，婉儿一颗悬着的心终于落地了，她知道冯小宝的死期到了。这一天，冯小宝入宫求见女皇。然而无论他怎么敲后宫的大门都无人开门。事实上，婉儿是知道的，她是故意不给他开门的，她也并没有将冯小宝入见的事禀报给女皇。

冯小宝见叩不开大门，以为女皇对自己太过绝情，一气之下便放火焚烧了他为女皇亲手建造的明堂和天堂。那是一场惊天动地的大火，熊熊的烈火，整整烧了一夜。看着那熊熊的大火，婉儿竟感到一种莫名的快乐。

然而对于这个昔日的情人，武则天还是心存一丝情义的，在得知此事后，她虽然十分生气，却也没有怪罪于他，反而还让他重新负责将这两座殿堂修好。

冯小宝远不是一个聪明人，他没有因此而有所收敛，反而还越发乖张骄横起来。他一次又一次挑战着武则天的底线，最终将武则天对他那最后一点情义都烧完了。面对这个厚颜无耻而又不知死活的家伙，武则天动了杀心。

杀一个冯小宝，自然是不需要女皇亲自出马的，于是武则天就将这个任务交给了女儿太平公主。太平公主接到任务后，马上想出了一个非常周密的方案。她派人去冯小宝那里假传圣旨，说武则天宣他到瑶光殿相会，同时又派自己的心腹乳母张夫人率领卫士到瑶光殿埋伏起来。冯小宝听了心里很高兴，以为武则天要和他重修旧好，没有任何防备就如约而至。结果等待他的不是武则天，而是一群大内高手。可怜的冯小宝，别看平时也会一点儿功夫，但在乱棒面前毫无还手之力，没过多久就一命呜呼了。

上官婉儿就这样将自己的仇人送上了西天。

勾结武三思

作为武则天的贴身秘书，上官婉儿是武则天废黜亲子、排斥异己、整顿朝廷并最终登顶的见证者，这其中的各种明争暗斗、血雨腥风，不禁让婉儿倒吸一口凉气。然而，与此同时，她也在目睹武则天问鼎皇位的过程中，慢慢体会到了权力的滋味。

此时的她已经开始意识到，在波涛汹涌、此起彼伏的朝廷政治斗争中，只有把握主动，占据制高点，才能最大限度地为自己捞取利益，同时也能最大限度地确保自己的安全。

然而婉儿也十分清楚，此时的她还根本没有任何进行政治博弈的资本，她只是一个从掖庭走出来的地位卑贱的女奴，宫中稍微有点权势的人都不会把她放在眼里。虽然她是女皇身边最亲近的人，虽然女皇十分欣赏她的才华，但女皇毕竟是女皇，奴婢毕竟是奴婢，她唯有事事恭顺、时时谨慎、处处小心，才不至于触怒女皇而招致灾祸。

　　就像武则天当年进宫时寻找高宗当自己的靠山一样，上官婉儿知道，自己必须也要找到一个靠山，进而借此发展自己的势力，这样她就不会有势单力薄之感了。

　　她该先拉拢谁呢？此时她将目标瞄准了因为女皇的成功登基，势力如日中天的武氏一族，就这样，权势熏天的武三思就成了她拉拢的第一个目标。

　　武三思是武则天异母兄武元庆之子。

　　高宗去世后，李显继位，武则天以太后身份临朝称制。为了巩固自己的权势进而自己当皇帝，武则天便开始起用武氏亲属，武三思借此由右卫将军累进夏官（兵部）、春官（礼部）尚书，并监修国史。待武则天称帝后，武三思受封梁王。

　　武三思性乖巧，善揣人意，善阿谀奉承，所以深受姑母武则天信任。早在684年，他与堂兄武承嗣，就屡劝武则天先杀掉"屈尊位重"的韩王李元嘉和鲁王李灵夔等。688年，因韩王、鲁王等和起兵反武的越王李贞、琅琊王李冲等同谋，遂迫令他们自杀，并尽杀其党羽，为武则天称帝扫清了道路。

冯小宝在武则天身边红得发紫时，为讨好冯小宝，武三思对其"执僮仆之礼以事之""怀义欲乘马，三思必为之执辔"。为了讨好武则天，武周延载元年（694年）的八月，他率四夷首领请铸铜铁为天枢，借以"黜唐颂周""诸胡聚钱百万亿，买铜铁不能足，赋民间农器以足之"。

作为贴身近侍，上官婉儿深知武则天对武三思的宠信之深，同时也敏锐地看到武氏一族的势力正因女皇而迅速发展，势不可当，武三思日后必会在朝中形成一股强大的势力。

其实，对于这个武三思，婉儿自从认识那些李姓的皇子时，就已经认识他了。可以说，武三思留给婉儿的第一印象是极其糟糕的。

每当看到武三思，婉儿就会想起当年他为冯小宝牵马时那卑躬屈膝的嘴脸。

而对于婉儿向自己投来的那种轻蔑的目光，武三思也感觉到了。让一个侍女鄙视，这对于权大势大的武三思来说，是怎么也无法接受的，于是他对婉儿也很不友好。

一次，在婉儿准备回房休息时，武三思拦住了她，对她说道："你以为你是谁？你不就是女皇身边的一个奴才吗？你竟然为了自己的荣华富贵，甘愿给你的杀父仇人当狗！"

听了这话，婉儿怒不可遏，挥手狠狠打了他一记耳光，然后转身走了，后来就有了冯小宝惨遭棒杀的事。

这记响亮的耳光使得武三思从此对上官婉儿恨之入骨，他一心想找机会陷害婉儿，以解自己的心头之恨。

这天，武三思来到女皇的寝宫，跟女皇说了很久。不知道他都对女皇说了些什么，女皇脸色很难看，当即就将婉儿招了进来。

她缓缓地问道："薛怀义在烧明堂的那个晚上，曾来见过朕，听说你是知道的？你为什么不让他见我？你难道不知道那就是烧了朕的命根吗？"

虽然女皇的语气很和缓，但婉儿早已被吓得浑身颤抖了。她刚要开口，女皇突然高声喝道："太放肆了！你竟敢在朕面前如此张狂？你知道明堂对我来说意味着什么吗？那是朕的大周王朝啊！"随即女皇做了一个手势，几个卫士立即就将婉儿五花大绑了起来。女皇继续喝道：

"忤旨当诛，你还有什么可说的？"眨眼间，婉儿就被戴上了手镣，然后被投进了监牢。

第二天，婉儿被带上了刑场，就在她静静地躺在铡刀下，等待行刑时，一个宫廷密使突然跑了过来，站在她面前，展开手里的诏书，宣读道："上官婉儿忤旨当诛，但圣上惜其才止黥而不杀也。"还未等婉儿缓过神来，黥面的刑具就已经摆在了她的面前，一阵钻心的疼痛过后，婉儿的脸上出现了一道伤口。紧接着，卫士就将婉儿带回了政务殿，女皇正在那里等她。

见婉儿进来后，女皇拖着衰老的身体缓缓地走向婉儿，此刻，她的目光中早已没了昨天的决然与凶狠，而变得柔和了很多，她伸出手摸着婉儿脸上那依然疼痛肿胀的伤口。

在看到女皇如此温柔的眼神之前，婉儿是恨她的，她也曾幻想自己从此就踏上黄泉，日后不再做女皇卑颜屈膝的侍女，那对于她来说，或许是一种解脱。可是，当她感知到女皇是真心为她难过时，她那颗坚硬的心突然变得柔软了，她知道也许是命中注定，自己此生要和这个一手遮天的女皇纠缠在一起了。

事实上，这个让婉儿又爱又恨的女皇正是改变婉儿一

当上官婉儿遇上武则天

生命运的人，是她把婉儿从掖庭中拯救了出来，是她把婉儿培养成了一个"百司表奏，多会参决""群臣奏议及天下事皆与之"的在朝廷中举足轻重的人物。

而婉儿也十分清楚，自己生与死的决定权都在女皇的手中，她可以把婉儿抬到这个举足轻重的位置上，也可以让婉儿成为阶下之囚。

也正是在那以后，婉儿像是变了一个人，她不再对任何男人抱有奢望，而是把全部精力都放在了帮女皇处理朝政上。这也许恰恰是女皇所希望的，尤其是在女皇整天忙于与年轻男人缠绵时，婉儿便成了实际上真正替女皇施政的人——她是女皇背后的女皇。

除了婉儿，此时女皇最信任的人就是侄子武三思了。为了拉近与武三思的距离，女皇时常造访武三思的家。在她看来，武三思是可以悉心培养的，日后他定能为自己的武氏江山效犬马之劳。

每次造访武三思宅邸时，女皇都会带领众多随从，婉儿也在其列。那时，婉儿刚被施以黥刑不久，武三思宅邸的人也都知道了此事，在所有人看来，婉儿脸上的那道伤疤无疑是一种天大的耻辱。特别是在武三思眼里，婉儿更是不如去死。

起初，婉儿对自己那张被刻上墨迹的脸也是异常反感的，但时间一长，她也安之若素了。

武三思奉承人的功力是一流的，他知道女皇喜欢什么，所以他总会挑选一些俊美的男子供姑母享用。而每当女皇和这些美男子床笫之欢时，婉儿便独自在院子里等候。

事实上，婉儿对女皇的怨恨早已烟消云散了，因为她知道已年近七十的女皇，身体已经每况愈下了。

这天，婉儿在忙完政务后，来到长廊里休息。此时，她看见一个人向她走了过来，仔细一看，原来是武三思。这个两面三刀的小人！婉儿顿时怒火中烧。她知道就是这个男人出卖自己的，她要让这个男人为自己的行为付出惨重的代价，以报自己被黥刑之仇。但婉儿也十分清醒，眼前这个被自己恨之入骨的男人是有利用价值的，他位高权重，在朝中势力很大，又深得女皇宠信，如果能跟他走得近，那么自己也就有了靠山，想到这，婉儿强压住了自己的怒火。

695年，武三思再次获得升迁，这次女皇将他任命为春官尚书，让他负责修撰一部大周帝国的国史。事实上，武三思未必有监修这部国史的能力，女皇之所以选中他，完

当上官婉儿遇上武则天

全是因为他是武氏家族中人。

对于女皇的任何吩咐，武三思都是竭尽全力的，很快，这项浩瀚的工程就开始了。为了监督武三思，女皇还委派了上官婉儿前去协助工作。就这样，上官婉儿走进了文史馆，她也因此有了进一步接触武三思的机会。

此时，婉儿已年过三十，但却依然雍容优雅。当她落落大方地站在武三思面前时，武三思甚至被她的美丽惊住了。武三思的心思早已被婉儿看穿了，她知道是时候该主动出击了。

她走到武三思面前，开口道："武大人，圣上特让我来协助你修好国史，我们要齐心协力，不能让圣上失望。"

听婉儿说得如此平静，武三思简直惊呆了，他难以相信眼前的这个女人跟自己是有过怨仇的。就在武三思反复筹谋、举棋不定之时，婉儿又开口了："武大人您放心，虽然我脸上的墨迹是拜你所赐，但我不会因此而怨恨你。现在我们的任务是修好国史，我不会因为个人恩怨而耽误了我们的工作，希望武大人能接受奴婢。"

婉儿已经这么说了，武三思还能说什么呢？就这样，武三思便被轻而易举地掌握在了婉儿的手中。这是婉儿亲手编织的网，武三思从此被牢牢地困在里面，直到死的那一刻。

自从被黥刑的那一刻，婉儿已经不再是之前那个单纯的婉儿了。她就像是一个深不见底的深渊，没人能真正猜透她在想什么。在外人看来，甚至包括女皇也都无法看清婉儿的真面目了。正是依靠着这深不见底，婉儿开始为自己的未来布局谋划了。

婉儿自幼熟读史书，底蕴深厚，对于修撰国史这样的工作，婉儿自然是不在话下。在此期间，她为武三思提供了很多帮助，使得武三思对她生出了一种感激之情，这正是婉儿想要的。

正所谓日久生情，在两人此后漫长的合作中，武三思渐渐地爱上了这个女人，他渴望拥有这个美丽、非凡的女人。

终于这一天到来了，在文学馆的大殿中，武三思和婉儿私通了，从那以后，他们常常在此幽会。

对于武三思来说，他当然不知道自己已经被上官婉儿完全控制住了，但婉儿却清醒地知道，这个男人已经和她分不开了。事实上，武三思对于婉儿是有真情的，但婉儿却只把这当成自己的一种政治投资。

在与武三思的不断接触中，婉儿已经不再耿耿于怀那个复仇计划了，她更多的是敏锐地看到了武氏一族的势力正因为女皇而迅速发展，势不可当。而武三思又是武姓中最受女皇器重的那个人，倘武周能延续下去，能继承皇位的，确乎是非武三思莫属。事实上，此时的女皇已经在为武三思未来即位开始着手安排了。

参与神龙政变

705年，武则天改年号为"神龙"，这一年被称为"神龙元年"。从690年武则天称帝到705年，已经过去了整整十五年。在这十五年里，武则天长袖善舞，处理着宫廷之中各种错综复杂的问题和矛盾。然而事实上，她无法解决的问题太多了。她根本不知道，一场导致她葬送武周基业的政变正在酝酿。

这是一场蓄谋已久的政变，涉及的人物众多，那么它的参与者都有谁呢？

首先是武则天晚年最宠信的面首（即男宠）——张昌宗和张易之两兄弟。

前面提到，武则天在抛弃了第一个男宠冯小宝后，很快就把目标转向了御医沈南璆，然而只有一个男宠，武则天是不满足的。

就在此时，太平公主给武则天进献了一个人，此人名叫张昌宗，定州义丰（今河北安国县）人，出身官宦世家。

此人长相俊美，皮肤白皙，通晓音乐技艺，后来当了太平公主的男宠。为了讨好母亲，太平公主便把他献给了武则天。

武则天一向喜欢美男子，见张昌宗生得如此俊美，十分高兴。自此，张昌宗就正式成了武则天的男宠，负责侍候女皇。张昌宗还有一个哥哥名叫张易之，两兄弟感情甚好，张昌宗在得到武则天宠幸之后，也把哥哥张易之引荐给了武则天。

为了表达对这两兄弟的宠爱之情，武则天任命张昌宗为云麾将军，行使左千牛卫中郎将职务，张易之为司卫少卿，赐给住宅一处，绢帛五百段，以及大量的男仆女婢、骆驼、牛马。不久之后，又把张昌宗提为银青光禄大夫，赐给防阁官员担任警卫，和朝臣们一样每月初一、十五朝见武后；同时还追认他的父亲张希臧为襄州刺史，将他的母亲封为太夫人，宫中女官尚宫每天都要去看望请安。

就这样，张昌宗入宫没多久，其权势便如日中天。很快，他们就成了武家的各个兄弟以及宗室之人巴结讨好的对象。有些大臣甚至竟称张易之为"五郎"，张昌宗为"六郎"。

后来，武则天又任命张昌宗为右散骑常侍，并在699年设置控鹤府，任命张易之为府监，此后又把控鹤府改为奉宸府，任命张易之为府令。

武则天每次宴饮聚会都会把这两兄弟带在身边，两人不是掷骰赌博，就是嘲笑诋毁公侯卿相，行为荒唐至极。一些无德之人不但不以为耻，还一再讨好，说张昌宗是周灵王的太子仙人王子晋转世。武则天听了这话自然十分高兴，便让他穿上羽衣，吹着洞箫，乘上假鹤，在庭院中飞来飞去，宛如是仙人骑鹤升天的样子，文人们无不拍手叫好，纷纷抢着题赋吟诗讨好武则天。

后来，武则天得知丑闻传得厉害，就让张昌宗带领一些文人在宫中撰写《三教珠英》，还任命张昌宗为司仆卿、张易之为麟台监，张氏兄弟可谓权势显赫至极，气焰熏天，不可一世。

随着权势越来越大，两兄弟也越来越骄狂起来。当时武则天年事已高，卧病在床，在其身边侍奉的只有张氏兄弟两人，其他大臣甚至包括武则天的儿女都无法近身。

这样的局面让很多人十分担忧，他们十分担心在武则天极度虚弱，或是突然驾崩的情况下，党羽众多的二张兄弟上演"挟天子以令诸侯"的把戏，假传圣旨。而在这些人中，以太平公主三兄妹最甚。

前面说到，太平公主于开耀元年（681年）七月完成了自己的婚姻大事，与豪门之后薛绍喜结连理。婚后的两人和睦恩爱，举案齐眉，太平公主还相继生了四个儿女。如果不出意外，太平公主以后的几十年都会在这种幸福中度过。然而太平公主并不是一般人家的女子，她是武则天的女儿，大唐第一公主，这样的出身注定了她永远也不会像普通女子那样终其一生过着相夫教子的平静生活。早年，薛绍家族的一个老族长就曾因太平公主的显赫背景而深为忧虑，他对薛绍说道："帝甥尚主，国家故事，苟以恭慎行之，亦何伤！然谚曰：'娶妇得公主，无事取官府。'不得不为之惧也。"意思就是说，将如此背景显赫的公主

娶回家，薛家以后就会不可避免地陷入政治旋涡之中。现实正如老族长所说的那样，短短几年之后，太平公主果然就因为一件事而卷入到了政治旋涡之中，这一突如其来的变故使得公主的生活随即发生了重大改变，她的命运也从此被改写。

这是怎么回事呢？事情还要先从高宗去世说起。当年高宗去世后，武则天称帝的野心已昭然若揭。为了让自己顺利登基，武则天先后废黜了儿子中宗李显，软禁了睿宗李旦，随后又镇压了李敬业的扬州叛乱，接着又计杀了宰相裴炎，扳倒了自己的反对派。

武则天很清楚，要想改李唐为武周，要想坐稳皇位，就必须对李唐宗室来一次大清理。为此，她让侄子武承嗣伪造了一块带有"圣母临人，永昌帝业"字样的宝石，谎称是从洛水打捞出来的，并说这代表着上天降下的祥瑞，派人献给她。她把这块石头命名为"天授宝图"，又给自己上尊号为"圣母神皇"，同时还宣布要在十二月的时候亲临洛水，举行受图大典，并在明堂里接受百官朝贺。

为此，她下令各州都督刺史以及李唐宗室外戚必须提前十天到达洛阳，为典礼做准备。其实，武则天这样做的目的就是想借此机会彻底摧毁李唐势力。

李唐宗室接到诏令后，立即慌作一团，他们知道武则天就要对他们下手了。这可怎么办呢？难道真的要等死吗？想来想去，各宗室成员最终决定先发制人，趁武则天还没动手之际，率先发动叛乱，如此一来，还可有一线生机。这些造反者包括前朝皇帝的子孙和公主，可这场叛乱很快就被武则天发现并武力镇压了。经过一番调查，武则天查到了越王李贞和琅琊王李冲父子俩头上。可武则天的目的不仅仅是诛杀这父子俩，她的目标是所有李唐宗室。于是，在镇压了李贞父子之后，她开始顺藤摸瓜，大肆株连，结果很多宗室都被牵扯进来，而太平公主的丈夫薛绍的哥哥薛颢居然也在其中！

既然自己的哥哥参与了谋反，那么作为弟弟的薛绍自然也就有份了，很快，两兄弟就被关进了大牢。事实上，对于薛绍到底有没有参与谋反，史上并无定论。有人说薛绍对哥哥谋反的事是不知情的，这只是武则天玩的一个阴谋而已。

太平公主在得知丈夫入狱后，便去跟武则天求情，希望母亲给丈夫留一条生路。然而心狠手辣的武则天并没有心软，她下令将薛绍杖责一百大棒，然后扔进监狱，结果薛绍就在牢里活活饿死了，这一年太平公主刚刚二十五岁。

薛绍一死，武则天就开始给太平公主物色新的驸马人选了。出于政治考量，武则天认为必须要让太平公主嫁给武家的人。

武则天第一个想到的是她的大侄子武承嗣。此人当时袭爵周国公，曾为武则天改朝换代立下汗马功劳。武则天起初也有传位给他的想法，如果女儿嫁给他的话，日后她就是皇后。可对于武承嗣，太平公主是很不满意的，因为武承嗣是个病秧子，太平公主怎么会让自己嫁给一个病秧子呢？

选来选去，太平公主最终选定了武则天的伯父武士让的孙子武攸暨。在她看来，这个武攸暨是武家的人，嫁给她，母亲自然会放心。另外，武攸暨这个人生性恬淡，为人宽厚，对政治斗争不感兴趣，嫁给这样的人，会减少很多麻烦。

然而此时的武攸暨早已成家，于是，武则天便派人到他的家里，令其妻上吊自尽。就这样，在薛绍死后不到一年，太平公主就在母亲的安排下，再嫁武攸暨，没过多久，武则天就正式登基称帝了。

这件事对于已经对政治斗争熟稔于心的武则天来说，

根本算不得什么大事，过去也就过去了。然而对于太平公主来说，这件事对她的打击实在是太大了。通过这件事，她开始意识到，她的出身注定了她此生是离不开政治的，同时她也感觉到政治权力对于一个身处政治旋涡之中的人是多么重要。没有权力，生命都难以保障，何谈感情。

从此，太平公主彻底由一个娇媚纯真的少妇变成了一个心机深沉的女人，她开始对那让多少人欲罢不能的政治权力发起冲击了。

既然母亲是手握生杀大权的女皇，她就必须积极和母亲靠近，赢得母亲的好感和信任。渐渐地，她开始参与到武则天的决策之中，被武则天倚为心腹，史载太平公主"多权略，每预谋议"。

那么她都为武则天做了哪些事呢？第一件事就是帮助武则天处死了冯小宝。太平公主的办事能力极强，整件事办得干净利落，武则天十分满意。第二件事就是向武则天推荐了在其晚年扮演了重要角色的张氏兄弟。正如前面所讲，这对兄弟面若桃花，吹拉弹唱样样精通，很快就赢得了武则天的宠幸。

随着太平公主越来越多地参与政治，她从母亲那里遗传来的政治基因开始被慢慢激活了。权力于她而言，似乎已经成了欲罢不能的东西。就在武则天日渐老去、身体状况每况愈下之时，太平公主心里想些什么呢？而她又会做些什么呢？

就在太平公主正在为自己的将来盘算谋划之际，她的母亲武则天却为皇位继承人的问题困扰着。在那些拥护李唐王室的大臣看来，未来继承皇位的人理所当然应该是身为储君的东宫太子李旦。然而在女皇眼里，儿子李旦是不是她最中意的人选呢？当然不是。虽然李旦已经被赐予了武姓，但武则天认为他名义上是武家的人，但他骨子里仍是李家的子孙。一旦让他继承皇位，将来李唐必有复辟的可能，那样一来，她辛辛苦苦从李唐手中夺来的江山不就又拱手相让了吗？另外，这个李旦十足一个扶不起的阿斗，他软弱无能，根本没有执掌武周江山的气魄，让这样一个人接手皇位，怎么能放心呢？

女皇为此困惑不已，就在此时，朝中一群以狄仁杰为首的大臣想起了那个远在房州（今湖北房县）的庐陵王李显。

李显虽然曾忘乎所以，得意忘形，但和唯唯诺诺的李旦相比，还是显得有些作为。如今，李显已经远离京城整整十四年了，对于这个前太子，大臣们自然十分想念，这无疑是对武氏政权无声而釜底抽薪的反抗。

与此同时，还有一股势力在暗流涌动，那就是武氏宗族的人，这群人自然希望武则天将皇位传给武家的子孙。在所有武氏后代中，最受武则天信任和欣赏的就是武三思了，可这个武三思能堪当大任吗？

就在武则天为此事绞尽脑汁之时，还是张氏兄弟为她指明了方向。当时张氏兄弟深知自己作恶多端，担心日后女皇驾崩、江山易手之时，自己会惨遭横祸。为求自保，两兄弟便向狄仁杰询问对策。

狄仁杰向来是李唐王室的坚决支持者，于是他便建议兄弟俩劝武则天迎立庐陵王李显为继承人，如此一来，李显当上皇帝之后，必会念及他们的拥戴之功而善待他们。

张氏兄弟一听，所言极是，回去就开始在武则天耳边吹风。

701年九月，大臣徐彦伯带着武则天的诏书，快马加鞭赶到了房州，迎李显回长安。

此时的李显是什么心情呢？事实上，李显毫无兴奋之情，甚至当他看到诏书后，表现出了一脸的绝望。

原因在于他对母亲的了解。他清楚地知道，武则天是

一个为了权力可以不顾一切的君主，当年她为了权力，不惜害死了李忠、李弘、李贤三个哥哥，那么她对自己还有什么做不出来的呢？

被软禁的李显明白，自己不论是在囚禁地暴薨，还是被赐死，都不是意料之外的事情，因此他整日战战兢兢、提心吊胆。偏偏在此时，他又听说外面有人打着"推翻武周""匡复李显"的旗号来反对母亲，这简直是将他往死路上逼，内心的恐惧与日俱增。

在这被流放的十四年里，李显每天都在等待着死亡的来临。对此，《旧唐书》记载："上每闻敕使至，辄惶恐欲自杀。"

此时，武则天派的使者已经来到门前，犹如惊弓之鸟的李显再一次吓得瘫软在地。他的妻子韦氏虽为一个妇人，可此时她却显得坚强得多，她走到李显面前，安慰道："怕什么？我们已经担惊受怕了十四年，现在终于可以解脱了，去开门吧！"

李显看了看妻子，终于站起身，缓缓走到门边将门打开。当得知他们全家人要回到京都时，他几乎痛不欲生，他知道自己的死期将近了。

很快，李显一家打点完行装就上路了。一路上，李显和韦氏不停地琢磨，此次回京到底是福还是祸呢？

　　一路劳顿，李显一家抵达了洛阳。站在洛阳城门前，李显心跳得更厉害了，也许眼前的这道城门就是鬼门关，只要踏进去就再也出不来了。

　　就在李显一家刚刚安顿好后，武则天的圣旨到了，召李显即刻入宫。使者话音刚落，李显再次瘫倒在地，他不想一个人去死，他想和家人死在一起。

　　使者见状，忙向其解释圣上此次只是想见他，而不是杀他，李显这才勉强站了起来。此时的武则天也同样心绪难平，这是母子相别十四年的首次相见，彼此应该说些什么呢？这么多年了，李显有没有变化，还和以前一样吗？想着想着，她不免紧张起来。

　　此时，她想到了婉儿，她打算先让婉儿去探听一下虚实。事实上，婉儿也一样没底，心里七上八下，不知道李显此次返朝会在朝廷引起什么波动。对于这个未来的新皇帝，她该如何应对呢？既然自己一向大有指望的武三思已经彻底失去了当皇帝的机会，那么接下来，她该如何为自己寻找出路呢？在去往李显住处的路上，婉儿的大脑飞速运转着。

　　见到李显时，两人默默而视，良久，婉儿终于开口了：“圣上要奴婢通知您，今晚的觐见取消了。”

听婉儿这么一说，李显急忙抬起头，问道：“为什么取消了？”其实，李显这么问是多余的。女皇见与不见，不是他说了算的。然而当李显仔细端详婉儿的脸时才发现她的脸上多了一道疤痕。不用细问，也可以想象的到，在这十四年里，婉儿也曾遭受过摧残和折磨。虽然此时的婉儿变化甚大，但李显仍然对婉儿保有一份深深的亲切之感。就在婉儿转身要走时，李显拉住了她，说道：“我远离宫中多年，这里早已物是人非，日后势必需要你的帮助，否则我将陷入困境。”婉儿微微一笑道：“奴婢愿为您效犬马之劳。”说完便转身而去。这是一次短暂的会面，然而婉儿却从中窥探到了机会。

因为对母亲的恐惧，李显变得更加谨小慎微起来。他知道此时的武氏家族如日中天，为迎合母亲，他决定向武家靠拢。

武则天的侄子武承嗣权大势大，为此李显把女儿永泰公主嫁给了武承嗣的儿子武延基；后来，他又将另一个女儿安乐公主嫁给了武三思的儿子武崇训。李显便是通过这种家族联姻来稳固自己的地位的。

到此，武则天终于解决了继承人这个棘手的难题。

李显被重新立为太子后，睿宗李旦也随之结束了十年的软禁，被封为相王。

其实，武则天一天天衰老，对权力的控制能力日渐下降，此时的朝廷局面已经发生了很大的变化，并且形成了三种势力。

第一种势力就是以张氏兄弟为首的内廷势力。多年来，他们凭借武则天的宠幸，已经在自己周围聚集了一批有势力的官僚。

而随着李显返朝，李旦被封为王，并且担任军队统帅，李家势力也开始回升，这是第二种势力。

第三种势力便是一直受到武则天支持的武家势力。当初，武则天为了巩固自己的帝位，将武家的子弟个个都封了王，并且担任军政要职。虽然李显的返朝意味着他们失去了做皇帝的资格，但由于武则天希望在自己死后，仍然维持武家的势力不衰，所以她并没有给予打压。

可以说，这三方政治势力左右着朝廷未来的政治走势。那么身为武则天的女儿且又是李家后代的太平公主会站在哪一边呢？

事实上，太平公主虽然表面依附自己的母亲，但在其内心深处，她还是把自己当成李家的人。虽然她嫁给了武攸暨，但她把生活和政治分得很清，武攸暨是她生活中的伴侣，但在政治上，她却把自己划到了李唐的阵营之中。

702年，太平公主和两个哥哥李显、李旦发现张昌宗极受武则天宠幸，于是三兄妹联合上表，请求武则天封张昌宗为王，试图以此来讨好张氏兄弟，进而讨好武则天，这样一来，李显就可以在武则天去世之后顺利登基。很明显，此时的太平公主已经和两个哥哥站到了一起。

事实上，太平公主选择站在李家阵营一方，大大增强了李唐一方的实力。因为在圣历时期（698—700年）之后，她参政程度日益加深，权势已经越来越大。和刚从房陵归来、立足未稳的李显及长期遭软禁、早已被吓得魂飞魄散的李旦相比，她权势最大，政治斗争的经验也最为丰富。

太平公主日后又会有什么举动呢？

她的第一个举动就是联合两个哥哥李显、李旦及宰相张柬之等人发动了唐朝历史上著名的"神龙政变"，这是怎么回事呢？

说起神龙政变，就要先说一说张柬之这个人。张柬之字孟将，襄州襄阳人，少年好学，遍涉经义，博学多才，后补缺为太学生。考中进士后，起初调任清源县丞。689年，朝廷以贤良科目召试，张柬之名列第一，授官监察御史，后升任凤阁舍人。

武则天称帝后，李唐宗室大臣被一一清除，丞相狄仁杰因忠诚、正直深受武则天宠信。在辅佐武则天理政期间，狄仁杰曾为其举荐过众多德才兼备之人，张柬之便是其中之一。当时的张柬之已年近八十，正在地方为官。武则天便将其召入朝中，任命其为同凤阁鸾台平章事，并很快升其为凤阁侍郎，负责朝廷政事。

张柬之虽然年事已高，却一直渴望能在自己有生之年建立一番功业，他曾在《杂曲歌辞·东飞伯劳歌》中写道："青田白鹤丹山凤，婺女姮娥两相送。谁家绝世绮帐前，艳粉芳脂映宝钿。窈窕玉堂襄翠幕，参差绣户悬珠箔。绝世三五爱红妆，冶袖长裾兰麝香。春去花枝俄易改，可叹年光不相待。"可以得知，此时的张柬之追求功名之心是何等迫切。

事实上，张柬之从政多年，处世老道，经验丰富，这正是武则天看中他的地方。在武则天看来，有这样一个人在身边辅佐自己，她自己可以轻松很多，也放心很多。然而她并没有想到，就是这个自己一手提拔起来的人，日后竟成了那个逼她退位的始作俑者。

张柬之自幼学习儒家文化，深受传统儒家思想影响，骨子里，他一向是忠于李唐王朝的，在他看来，武则天称帝根本就是窃取李唐王朝的成果，是大逆不道的行径。如今，他亲眼看到武则天为了稳固自己的武周江山，而大肆迫害李唐宗室，同时又宠信二张兄弟，导致此二人干预朝政，专横跋扈。他内心深处极其悲痛，百感交集，担心万一武则天突然去世，这二张兄弟趁机作乱，夺取皇位，那样朝中局势就会随之大乱。他的担心也正是太平公主和两个哥哥以及武则天的秘书上官婉儿所担心的。

对于太平公主来说，起初她把张昌宗引荐给武则天，是希望张昌宗在得宠之后能够替自己在武则天面前多多美言，以此来赢得母亲对自己的好感。然而，二张兄弟在得宠之后却并未如她想的那般替自己说话，这自然会让太平公主感到有种"卸磨杀驴"之感。

至于一向精明机警的上官婉儿，她十分清楚，此时的武则天早已不是当年那个精力充沛、叱咤风云的女皇了，如果她还要把宝压在这个风烛残年的女皇身上的话，无疑就是自寻死路。现在所有人都对二张兄弟恨之入骨，她也必须和这些人站在同一战线上，这样她才能确保自己以后拥有更好的发展空间。

共同的目的使得这些人最终走到了一起，一个以除掉二张兄弟、迫使武则天禅让为目的的政治集团就此正式形成。为防夜长梦多，他们开始积极筹划，神龙元年（705年）正月二十二日，一场迫使武则天提前结束统治的政变开始了。

为确保万无一失，张柬之对此次政变做了十分充分的规划和准备，他将政变队伍分为四队。

第一队，由自己和崔玄暐带领，主要负责控制玄武门，然后杀掉二张兄弟，继而控制宫内大局；第二队，由李多祚带队，负责前往东宫迎接太子李显；第三队，由太平公主和上官婉儿先行进入内宫，负责事先安排一些亲信宫女作为配合；第四队，由相王李旦和司马袁恕己带队，负责控制宫廷外部局势，以免二张兄弟的党羽得知消息后起兵反扑。

这天，张柬之和崔玄暐率领着大队人马直奔武则天所在的寝宫迎仙宫而去，将当时刚被吓醒的张家兄弟乱刀剁死，之后又直接来到武则天睡觉的长生殿。

看见眼前站着大队兵马，武则天大吃一惊，忙问："是谁在兴兵作乱？"

张柬之立即答道："张家兄弟谋反，臣等奉太子之命前来诛杀，由于之前担心泄露消息，所以没敢告诉陛下，臣等真是罪该万死。"此时李显也已赶到。

武则天环视四周，在人群中间发现了李显，对其说道："哦，原来如此，既然张家兄弟已死，你们也就回去休息吧。"

李显向来惧怕母亲，见母亲盯着自己，不禁慌了神。

站在一旁的桓彦范见状，立即喝道："太子此时又怎能回去！当年先皇（唐高宗李治）把太子托付给陛下，如今太子早已成年，早该继承祖业了，请陛下顺应民心传位于太子！"

武则天一听，随即又将目光转向将军李湛，说道："你就是李义府的儿子吧，朕待你们父子一向不薄，你竟然如此对朕？"

李湛只听不答，站在原地一动不动。

武则天见状，又对一旁的崔玄暐说道："崔爱卿，朕一向对你信任有加，难道你就用这样的方式来报答朕吗？"

崔玄暐道："陛下对臣的好，臣一直铭记在心。"

武则天虽然老了，但心智还很清楚，此时的她已经意识到自己必须要退位了。

于是她当即下诏，由太子李显监国。

这就是历史上著名的"神龙政变"。

一向骄横跋扈的二张兄弟就此身首异处，而那个曾经叱咤风云、威风凛凛的一代女皇也从此正式退出了政治舞台，其十五年的统治就此宣告终结。

在整个政变中，太平公主和上官婉儿虽没有正式露面，但她们在暗中所起的作用却十分重要。为什么这么说呢？

首先，当时重病缠身的武则天除了二张兄弟外，已不想见任何人，哪怕是自己的亲生儿子李显和李旦也鲜有机会接近武则天，那些大臣更是难得一见。在这样的情况下，他们是很难知道武则天的一举一动的。正所谓"知彼知己，百战不殆"，如果无法知道武则天及二张兄弟的动向，他们又怎能做出周密的部署呢？于是，此时身为女儿的太平公主就成了唯一有机会可以接近武则天的人。

要知道，太平公主自丈夫薛绍去世后，就开始积极向母亲靠拢，进而慢慢成了她的心腹。而在这三个子女当中，武则天无疑是疼爱太平公主的，既然疼爱自然就会少了很多防备。于是，太平公主便利用这一优势，开始出入武则天寝宫，名义上是探望，实则是监视。

其次，此时的太平公主已经嫁到武家，成了武家的媳妇，这一身份使得她可以全面掌握武家的举动。此时，武则天的大侄子武承嗣已经去世，另一个侄子武三思正是权势显赫之时，由于他善于奉承巴结，所以极受武则天信任。病重之中的武则天很少出门，但每次出门都是去武三思家中。这对于一向野心勃勃的武三思来说意味着什么呢？他有没有可能会趁武则天虚弱之机有所行动呢？谁能在第一时间探听到他的消息呢？身为武家媳妇的太平公主自然就成了最佳人选。此后，她开始频频出入武三思的府邸，时刻监视着武三思的一举一动，无疑，这是政变成功的重要保障。

那么太平公主做的第三件事是什么呢？那就是安排上官婉儿在武则天身边做卧底。张柬之等谋划政变的人十分清楚，政变要想取得成功，最保险的做法就是里应外合。虽然太平公主可以随便出入宫中，但由于她并没有住在宫里，所以无法时刻盯着武则天。这该怎么办呢？此时她便想到了整日陪在武则天身边的上官婉儿。

当年，武则天因上官婉儿文采过人，将其从掖庭中带出来，让她专门负责宫中诰命，一向聪慧机警的上官婉儿凭借着自己出色的工作能力深得武则天信赖。

自圣历年间起，武则天精力逐渐减退，她开始让上官婉儿参决群臣奏议，同时起草诏书。如此一来，上官婉儿待在武则天身边的时间显然要多于太平公主。所以，太平公主找到了上官婉儿，两人一拍即合。

那么，在这场政变过去之后，这些参与政变的人的命运走向是怎么样的呢？身为"神龙政变"的功臣，上官婉儿又将经历怎样的人生转变呢？

当上官婉儿遇上武则天

第三章

权 势 日 盛

人生起起落落，送走女皇的上官婉儿，在中宗一朝受宠得势，权势熏天。如果没有中宗的突然暴崩，她的人生将会怎样？而当她为中宗之死拭去泪水之后，又会朝哪个方向走去？

婉儿引荐，武三思得势

就在神龙政变后第四天，即正月二十五日，李显再次登上帝位，此时他已年近五十。

不久之后，时任洛州长史的薛季昶对宰相张柬之、敬晖二人说道："二张虽然已经被除掉，但此时的武家势力十分强大，倘若不能斩草除根，日后必有后患。"起初张柬之并未把薛季昶的话放在心上，他说道："如今大局已定，武家人再有势力，也没那个胆子造反，除不除掉他们，应由皇上定夺。"薛季昶叹道："大人，这武家人个个野心勃勃，现在局势还不稳定，他们随时都有可能谋反。一天不清除他们，就存在一天的危险！"和薛季昶一样，朝邑县尉刘幽求也对武家很不放心，他找到桓彦范和敬晖等人，对他们说："如果现在不把武家人除掉，日后一旦他们得势，我们都会死无葬身之地。"

就在这些神龙政变的功臣为是否清除武家势力而犹豫不决时，中宗李显又在做些什么呢？

事实上，此时的李显已经开始对这些功臣心有不满了。

当初李显考虑到这些大臣有拥立之功，在政变之后没多久，就对他们进行了奖赏。身为政变谋划者的张柬之、桓彦范、敬晖、袁恕己和崔玄暐五人都官封宰相，爵赐郡公，控制了朝廷，其他参加政变的武将也都加官晋爵，赏赐不计其数。相王李旦被封为安国相王，官拜一品太尉、知政事；没过多久，又被立为皇太弟。而太平公主则被封为镇国太平公主，食实封五千户，并且还特许其开府设置官署，公开参政。

除这些人之外，上官婉儿也被封为婕妤，后来又擢升为昭容，至于其他参与政变的官员也都得到不同程度的封赏。封赐完官职后，唐中宗还拿出十六张铁券来封赐给十六位大臣，有了这张铁券，除了叛乱谋反外，犯其他罪行都可以得到十次赦免。

可以说，在李显的大力提拔下，这些功臣各个身居高位，官爵显赫。但这样一来，李显便发现了问题，跟这些功臣比起来，自己的势力十分薄弱。细数一下太子府的那些官僚，魏元忠因被二张兄弟陷害已被贬至岭南；崔玄暐虽然也是太子府的人，但由于跟随张柬之等人策划政变，两方的关系甚好；杨再思也因二张倒台，受到牵连被贬。如此算下来，李显发现自己身边已经没有一个可以信赖的人了。

那么四弟李旦和妹妹太平公主是不是可信之人呢？当然不是。前面曾说过，李显在第一次当上皇帝时，只过了短短三十五天的皇帝瘾就被武则天流放到了房州，在那里一待就是十四年。

在其被母亲重新召回京城后，当时的太子位置就有两个人选，一个是李显，另一个就是他的四弟李旦。李显最后之所以能被册立为太子，表面看好像是李旦拼命将这位置让给他的结果，但实际上武则天的决定才是最主要的原因。

武则天为什么要选择立李显为太子呢？原因在于李显远离京城多年，在京城里没有多少自己的党羽；而李旦，虽说一直被幽禁在东宫，但毕竟他身在京城，这么多年来，身边自然会聚拢一些官僚臣属。虽然胆小如鼠的李旦不会起造反之心，但倘若这些党羽整日在他耳边撺掇，他难免也会因受到挑唆而起兵造反。武则天是一个迷恋权力的人，她怎么会甘愿放弃手中的权力呢？出于这样的心理，她才最终册立李显为太子。

而对于太平公主来说，虽然她身为女子，没有继承皇位的资格，但从武则天在她的丈夫薛绍死后，刻意安排她嫁给武家的行为可以看出，武则天还是不想把帝位最终回归给李家的人，所以，太平公主也同样不能被倚为心腹。

面对如此主弱臣强的局面，李显十分郁闷，如何才能加强自己的势力，从而制约那些大臣呢？李显想到了一个人——武三思。自从武则天退位之后，以武三思为核心的武家人一直在胆战心惊地过日子。武三思心里十分清楚，那些复辟大臣早已对他恨之入骨，他十分担心哪天中宗会听了他们的挑唆而对自己痛下杀手，那么他们武家的势力就会从此土崩瓦解。为此，武三思时刻都在琢磨，如何能找到一个新的靠山来维持家族的势力，而不至于被那些复辟功臣除掉。

就在武三思为此事日思夜想时，李显向他抛来了橄榄枝。为了拉拢武三思，李显在政变后不久，就开始频繁造访武三思府邸，与武三思喝酒谈天，一待就是几个时辰。

他觉得这还不够，又让上官婉儿出面，与武三思接触。事实上，上官婉儿与武三思早已私通多年，两人的关系甚为亲密。上官婉儿是个十分精明的女人，当年她不惜牺牲自己的身体讨好武三思，为的就是为自己找到一个安全的靠山。如今，她见李显一再向武三思示好，便知道武三思以后一定会继续飞黄腾达，而自己也将从中受益。同时她也十分清楚，中宗李显虽然贵为一朝天子，其实却是一个不折不扣的"妻管严"。对于妻子韦后，李显一向是言听计从，甚至让她跟自己一起处理朝政。如此一个强悍的皇后，日后必会继续坐大。武三思光得到李显一人的宠信自然是不够的，他要想在朝廷中继续维持自己的地位，就必须要和韦后搞好关系。基于此，上官婉儿又把武三思引荐给了韦后。

武三思一向擅长阿谀奉承之术，在和韦后搭上关系之后，深受韦后宠信。借助韦皇后的关系，武三思开始频频入宫。对于武三思和韦后这样荒唐的淫乱行为，朝中很多大臣都十分反感，有人曾上书李显严惩武三思，可李显却始终睁一只眼闭一只眼，不闻不问。

尽管如此，李显还是觉得不够牢靠，于是他又让已经结婚的两个女儿安乐公主和新都公主都离婚，分别改嫁给武三思的儿子武崇训和武三思的侄子武延晖。

如此一来，李显和武氏一家便走得更近了。事实上，自从武三思和韦后勾搭在一起后，李显手中的权力就已经开始在不知不觉中转移到他们的手上。

对于自己再次得势，武三思十分清楚，这是中宗李显出于压制那些复辟大臣所采取的权宜之计。面对这些对自己虎视眈眈的功臣，武三思终日如芒在背。在他看来，如果不先发制人的话，将来自己很可能会被他们拉下马。那么，他该如何对付这些大臣呢？为此，他向中宗李显提了三条建议。

第一，推崇武则天。

第二，由于高宗李治在世时，曾到泰山封禅，武则天登基后也在嵩山封禅，两人当时被并称为"二圣"。为此，中宗要对二圣精神进行广泛的宣传。

第三，命人将武则天生前事迹撰写成书。

中宗很快就同意了武三思的建议，并且立即实施。

首先，中宗下诏继续保留武则天皇帝的尊称，而且还在帝号前再加上"则天"二字。这还不够，他还要求每隔十天，朝中文武百官必须陪他到上阳宫看望武则天一次。

而关于武则天生平事迹的撰写工作，就由武三思负责。

中宗还下诏，在嵩山和泰山周围挑选出五个县，分别改名为：乾封、合宫、永昌、登封、告成，并由中宗亲笔题写县名。事实上，这五个新县名就是出于武三思之手，而武三思在取名时，可谓是已有所指。

"乾封、永昌、登封"这三个名字与高宗李治（乾封）和武则天执政期间所使用的年号相关，而将县名改为"合宫"，即明堂的代名词。

什么是明堂呢？前面曾提到过。当年冯小宝为了讨好武则天，便在武则天的授意下，修了一座明堂。

在传统儒家经典中，明堂指的是一种神圣的建筑。据说这种建筑的发明者是黄帝，它的功能在于上可通天，下可达人，事实上，它代表的就是国家。

由于当年冯小宝一气之下将明堂付之一炬，所以到中宗执政时期，明堂实际上就只剩下一个名字了。然而在武三思看来，虽然明堂已经没有了，但明堂这个名字却可以派上用场。当年，他曾为武则天在万安山上修建过一座永泰宫，这座宫殿当时也是国家的一个象征，于是武三思就把管辖万安山的县城改名合宫。

最后修改的那个县名就很直白了。"告成"，取大功告成之意。明眼人一看便知，武三思的这些所作所为无非就是想尽量淡化神龙政变的色彩。如此一来，就可以将张柬之等五大臣的功劳淡化掉。那么，中宗和武三思就可以摆脱他们的束缚，进一步稳固自己的权位。

武三思能够重新得势不仅令他自己无法相信，很多人都为此大跌眼镜。当初很多见风使舵的大臣见武则天倒台，都纷纷远离武三思，害怕万一武三思失势，自己会受到牵连。如今他们发现武三思不仅没有因为武则天的退位而受到损害，反而还越来越得到中宗的宠信，于是都开始想方设法巴结武三思，一时间，武三思家可谓是门庭若市，好不热闹。

时任兵部尚书的宗楚客、将作大匠宗晋卿等人都站到了武三思这边，成了他的忠诚爪牙。很快，武三思及其党羽就形成了一股强大的势力集团。

眼见武三思的势力越来越大，以张柬之为首的复辟功臣们倍感压力。为此，张柬之屡次劝说中宗李显要采取行动压制武三思，可李显根本听不进去，依旧我行我素。

就在这年的二月十六日，也就是中宗复位后的第二个月，中宗更是将武三思擢升为司空，同中书门下三品，官位在张柬之之上。

对于中宗的所作所为，张柬之悲愤万分，却又无可奈何，唯有望天兴叹。据说有一次，当再次劝说不成时，他愤慨地、紧紧地握着拳头，最后指甲竟然掐进手掌肉里，鲜血直流。

除张柬之之外，监察御史崔皎也一再上书中宗，请求其剥夺武家势力，以免扰乱朝政，此时的中宗已经彻底对他们的劝谏失去耐心了。

一次，中宗在与武三思闲聊时，把崔皎密谏剥夺武家势力的事告诉了武三思。武三思听后，长叹一声道："这些大臣仗着自己是朝廷的功臣，竟然如此大胆，敢对陛下您指手画脚，真不知道他们日后会做出什么事来！"

武三思虽然在李显面前表现得一副忧国忧民的样子，事实上，他早已动了杀人之心。

就在崔皎事件发生后不久，京兆人韦月将、高轸向朝廷上书说：三思父子必为逆乱。武三思得知消息后火冒三丈，于是他立即示意手下也向唐中宗告密，说韦月将与高轸有不轨行为。俗话说得好，胳膊哪能拧得过大腿，很快韦月将和高轸就被投进了大牢。不久，中宗又下令将韦月将斩首，将高轸流放，并交于宋璟执行。

宋璟是个什么人呢？此人在朝中以公正不阿著称。虽然很多人都慑于武三思的权势而极力讨好他，但宋璟却不吃这一套。

一直以来，武三思仗着中宗支持，专横跋扈，气焰熏天，不可一世，对此，宋璟极为反感。有一次，他曾当着武三思的面说："我说武大人，太后既然都把帝位传给儿子了，你干吗不只保留爵位退去实权，难道你不知汉朝吕产与吕禄的下场？"

见宋璟将自己比喻成吕家兄弟，武三思心中自是十分不满，但无奈中宗一直对宋璟欣赏有加，他也只能忍气吞声，咽下了这口恶气。

现在，武三思想让他执行此案，宋璟还是不给面子，以没有法律依据为由，拒绝将韦月将处死。对此，中宗也没有办法。武三思恨透了他，后来，武三思就找了个借口，将宋璟给贬到外地。

神龙元年（705年）五月，复辟功臣之一的敬晖再次联合一些大臣上书，希望中宗想办法削去武三思等武家人的势力，可中宗依旧不置可否。

无奈之下，敬晖便派党羽考功员外郎崔湜去接近武三思。而让敬晖根本没想到的是，这个崔湜却是个见风使舵的小人。他发现中宗亲近武三思，便立即改变立场，做起了武三思的间谍。在崔湜的帮助下，武三思渐渐掌握了敬晖等人的很多违法证据，后来，武三思将崔湜提为中书舍人。

除了像崔湜这样战前倒戈的人之外，还有一些人则走的是积极投靠的路线，其中的典型人物就是南皮人郑愔。

郑愔曾是二张兄弟的门下，后被二张兄弟推荐为殿中侍御史，神龙政变发生后，二张兄弟被杀，郑愔因受牵连，被贬至宣州当了一名司士参军。后因贪污受贿被人揭发，又偷偷溜回了京城。回到京城后，他做的第一件事就是通过关系找到了武三思。这天，他来到了武三思家里，刚站在武三思面前，就号啕大哭起来。武三思不明就里，随口安慰了他几句。话音刚落，这郑愔突然又哈哈大笑起来。武三思简直被他整懵了，刚要让人把他赶走，郑愔开口说道："初次看到武宰相，我之所以大哭，是因为觉得武宰相就要被张柬之等人灭掉了，所以才哭，但由于现在宰相有了我，这场灾难不但能被化掉，而且还能稳坐相位，我这是为武宰相高兴，所以才大笑不止。宰相如今虽然备受圣上宠信，但是只要张柬之、桓彦范、敬晖、袁恕己、崔玄晖五人手中握有实权，宰相就时时存在着危险。在下试问，宰相比起则天皇帝的力量如何？"

武三思眉头一皱，道："当然不如。"

郑愔道："宰相不妨想想，则天皇帝那般的人物，张柬之五人都能轻易翻转于手掌，可见这五个人胆略过人。

如今宰相又是他们的眼中钉，假如宰相不先下手将这五人除掉，不只是宰相本人，恐怕就连整个武姓家族都可能遭殃。"

郑愔这话可是说到了武三思的心坎上，一直以来武三思对于张柬之这帮人可谓是恨到了骨子里，无奈这些人都是复辟功臣，各个位高权重，不要说是他，就是中宗也奈何他们不得。

郑愔已经看透了武三思的心理，便乘机向其提了一些建议，武三思听后十分高兴。很快，武三思就把郑愔提拔为中书舍人，从此他和崔湜二人便成了武三思的智囊。

郑愔到底给武三思出了什么主意呢？他建议武三思去韦后那里说那些大臣的坏话，然后借韦后之口传达给中宗李显。于是武三思每次与韦后私通时，就跟韦后说那五位大臣的坏话。事实上，此时的韦后也早已对这五位大臣心存不满，于是她就整日在中宗耳边吹风，说："张柬之这五人仗恃着自己有功就横行霸道，为所欲为，照这样下去将会对陛下的权威构成威胁。"

其实，中宗又何尝不是这样想的呢？只是他苦于找不到合适的方法处置他们罢了。

某天，中宗找到武三思，跟他说起处置五大臣的事。

武三思立即说：“臣倒有一计，陛下不妨将张柬之、桓彦范、敬晖、袁恕己、崔玄暐五人全部封王，与此同时再免去他们宰相的职位，这样一来，表面看是提升了他们的地位，但实际上却是明升暗降，剥去了他们手中的实权。”中宗李显一听，这确实是个好方法，连连点头。

神龙元年（705年）五月十六日，中宗李显正式下诏：赐封张柬之为汉阳王，敬晖为平阳王，桓彦范为扶阳王，袁恕己为南阳王，崔玄暐为博陵王。

封王可是封赐中的最高级别了，只有皇室中人或者功勋特别大的功臣才能得到此奖赏。此外，唐中宗又特别再赏赐了一些黄金绸缎及雕鞍御马给五王。并且规定，以后五王可享受特殊待遇，允许每月只在初一、十五参加朝会，其他时间可以不进宫朝见。甚至五王当中的桓彦范还被赐姓韦，编入韦皇后家谱，至此，张柬之这五人也就成了有名誉却无实权的高官。

同年十二月十六日，武则天在迎仙宫病逝，葬于乾陵，享年八十二岁。按封建礼制，中宗为母亲武则天守孝二十七天。

守孝期间，中宗将宰相魏元忠任命为摄冢宰。魏元忠此人在朝中一向很有威望，即便是权势熏天的武三思也要忌惮几分。为了讨好魏元忠，武三思便以武则天的名义假传了一道遗诏，说由于魏元忠一心为国，特赏赐采邑一百户。为了防止魏元忠和异党结盟，武三思特地上书，希望魏元忠能和他一起把武则天的生平记录存档。

就在武则天去世的第二年春天，全国各地突发旱灾，灾情异常严重，中宗李显心急如焚，甚至迷信地认为这是母亲武则天发威，谴责他夺她帝位的做法。

于是武三思趁机上书中宗，表示自己愿意带着武家人前往乾陵祈雨，让娘家人去祈求武则天原谅。中宗二话没说就答应了，随后，武三思便和武攸暨带领着其家族主要成员浩浩荡荡来到乾陵祈雨。

让人不可思议的是，当武家人到达乾陵不久，各地的灾情果然缓解了很多。

这让中宗无比高兴。此时，武三思又趁机给中宗提了两个建议：第一，请求朝廷恢复供奉武则天父母崇恩庙的级别；第二，请求在埋葬武则天父亲武士彟的昊陵及埋葬母亲杨氏的顺陵，设置令丞。和以前一样，这次中宗也立马答应了。

当年，武则天在称帝之后，曾将自己已故的父母追认为孝明高皇帝和孝明高皇后。既然是皇帝和皇后，供奉武士彟夫妇的庙宇与夫妇安葬的陵园自然就高升至帝王级别。不过由于武则天退位后要求恢复自己皇后的身份，因此，供奉其父母的崇恩庙，以及安葬其父母的昊陵、顺陵的级别自然也就降了下来。但如今经武三思这么一推，又一下子把武士彟夫妇的级别推上了帝王位置。

在武三思的精心策划下，五位功臣都被明升暗降，这让时任光禄卿的王同皎十分愤慨。王同皎也是神龙政变的参与者，而且在中宗还是太子时，王同皎就已经和李显的女儿安定公主结为夫妻。神龙政变之后，他便晋身成了驸马。对于这个曾为自己登基出过力的女婿，中宗自然不会怠慢，给了他很多赏赐。

然而，王同皎不是一个容易被小恩小惠收买的人，对中宗放纵韦后与武三思通奸，并且一再放纵武三思的行为，十分不满，一心想要除掉韦后与武三思。

某天，王同皎在家中和几位密友商量除掉韦后与武三思之事，却不料被武三思的爪牙兖州司仓宋之逊偷听到了，宋之逊是一个出了名的卑鄙小人，为了讨好武三思，他便将此事密报给了武三思。

武三思得知消息后，勃然大怒，立即指使宋昙、李俊以及抚州司仓冉祖雍上书朝廷，检举王同皎等人秘密结党，试图谋杀武三思、废黜韦后。

中宗看过奏书后，当即下诏，命御史大夫李承嘉及监察御史姚绍之进行调查。很快，此事就被查了个水落石出，王同皎等人被关进了大牢。

王同皎等人入狱后，为了慎重起见，中宗又派大臣姚绍之、杨再思、李峤、韦巨源四人对此案进行再次审核。不管是之前的宋昙、李俊、冉祖雍，还是姚绍之、杨再思、李峤、韦巨源，这些人全是武三思的党羽，所以审核的结果自然是不言而喻的。

在重审过程中，主审官姚绍之三番五次暗示王同皎，只要把五王牵涉进来，他就能得到从轻发落的机会。但对于姚绍之的暗示，王同皎却表现出一副要杀要剐、悉听尊便的气魄。倒是张仲之心有不甘地与姚绍之等人争辩起来，张仲之滔滔不绝地列举了韦后与武三思种种不轨的行为。但对于张仲之的争辩，姚绍之等几位主审官却忽然集体性"耳聋"。

气不打一处来的张仲之怒眼圆睁地指着姚绍之等人破口大骂，但这时主审官们的"耳聋病"却又好了，"刚好"听到张仲之藐视谩骂朝廷官员的姚绍之立即下令，将张仲之的一只手臂折断，以示教训。

神龙二年（706年）三月七日，王同皎、张仲之、祖延庆等人被斩首。

武三思既然这般得势，换作谁都要有所收敛，否则翻手为云、覆手为雨的武三思怎么会心慈手软呢？然而一直以功臣自居的五王却偏偏不信邪。当他们得知王同皎被杀后，各个义愤填膺，联名上书，要求中宗严惩武三思，并撤掉武家人的所有爵位。

既然联名上书，当然要有执笔人了。此时，一个叫岑羲的人站了出来，此人官居中书舍人。他大笔一挥，一蹴而就，然后便交给另一中书舍人毕构，让他送到中宗那里。

毕构拿着奏疏来到中宗面前，义正词严地宣读起来。中宗听后愤恨不已，可一想到五王虽已被夺去实权，但他们在朝中的声望还在，所以只好忍气吞声，被迫下诏将武家人的所有王爵一律贬降一级。武三思便从原来的梁王改封为德静王，而太平公主的丈夫定王武攸暨，则被降封为乐寿王。

可即便中宗已经照做，五王还是不肯就此罢休。为了表示对中宗的不满，当年的七月十八日，张柬之上书，向中宗请辞。接到张柬之的上书后，中宗十分高兴，他盼这一天已经盼了很久了，当即就批准了，并将其任命为老家襄州的长官。事实上，张柬之只是享受长官的待遇，手里并无实权。

张柬之的告老还乡让武三思少了一个劲敌，可他并没有因此而放松警惕，因为除了张柬之外，崔玄暐、桓彦范、敬晖、袁恕己四人还身在朝中。

到底该如何除掉这几个死敌呢？思来想去，武三思想到了一个妙计。

这天晚上，他命人在洛阳洛水边的桥上贴了一张大"海报"，上面写的是韦后淫乱后宫的种种丑闻，声称让这样的女人当皇后有辱国体，文章的最后还强烈要求中宗废黜韦皇后之位。早上当人们出门时，都纷纷来看这张海报。很快，韦后淫乱后宫的丑闻就传遍了全国。中宗在得知这一消息后，不禁暴跳如雷。

这时，武三思马上让儿子武崇训以及儿媳安乐公主，乘机将平时收集到的五王犯罪证据上报给朝廷。

中宗看过奏疏后，火冒三丈，当即下令御史大夫李承嘉对五王所犯之罪进行严查。

李承嘉很快就调查清楚了，他赶紧上报中宗，说这件事情的幕后指使就是崔玄暐、桓彦范、敬晖、袁恕己和先前告老的张柬之五人联合策划的。

中宗听后顿时如五雷轰顶，盛怒之下下诏：将张柬之流放泷州（现在广东罗定），敬晖流放琼州（现在海南定安），桓彦范流放瀼州（现在广西上思），袁恕己流放环州（现在广西环江），崔玄晖流放古州（现在越南谅山），至于这五家人里十六岁以上的男丁，全部流放岭外。

就这样，在武三思的精心策划下，这五位功臣被彻底清出朝廷。

被流放后不久，年事已高的张柬之和崔玄晖便因病先后去世，至于尚在人世的桓彦范、敬晖、袁恕己三人，此后的命运更是极其悲惨。

由于这三人手上握有中宗赐予的免死铁券，所以武三思知道，中宗能判这些人流放，已经算是极刑了，怎么才能把他们置于死地呢？

这时，武三思的走狗中书舍人崔湜给他出了一个主意："不如派人去假传圣旨把他们全部杀掉。如果这三个人还活着，将来肯定后患无穷。"

武三思左右一衡量，觉得这个主意不错，便打算冒这个险。事实上，武三思很明白，此时的中宗虽然身在皇位之上，但真正掌握实权的根本不是他，而是皇后韦氏。中宗一向弱势，再加上权力又落到了韦后手里，自然是引来好多人不满。当时，除了太子李重俊外，还有太平公主、皇太弟李旦，这些人都是中宗潜在的威胁。万一这些人除掉中宗，扶李重俊或者李旦登位，而新皇帝又重新任用桓彦范、敬晖、袁恕己这三人的话，自己肯定会面临灭顶之灾。

这么一想，武三思决定一不做二不休，依崔湜之计，假传圣旨除掉这三人。

这实在是一个冒险之举，万一不成，自己很可能会因此惹怒中宗，武三思觉得必须要找个可靠的人执行才行。选来选去，他听崔湜的建议，找到了大理寺的周利贞。

这个周利贞德行败坏，五王一直很鄙视他。当时政变成功之后，五王就把他贬到嘉州当了一个司马，因此，周利贞十分忌恨五王。

周利贞遭贬自然不甘心，后来他听说武三思成了皇上身边的大红人之后，便通过各种关系，攀上了武三思。在武三思的安排下，周利贞才得以重新回京，并且当了承摄右台侍御史。

这天，武三思把周利贞叫到家中，跟他说了自己的计划，周利贞当即表示愿意前往。

很快，他就拿着假圣旨启程了。

周利贞先是来到了桓彦范的贬地瀼州，刚一落脚，他就命随从把桓彦范绑了起来，然后，又让人将他放倒在一些削尖了的竹片上来回拖动。任凭桓彦范如何哀求，周利贞就不肯罢手，很快桓彦范的身体被拖得露出了白骨，这时周利贞才下令停手，接着就一顿乱棍，将其打死了。

桓彦范一死，周利贞便马不停蹄来到了琼州，找到了敬晖。他先是让人脱去敬晖的衣服，再把他绑起来，然后就命人用小刀把敬晖身上的肉一片一片剐下来，敬晖就这样被活活剐死了。接着，周利贞又赶到古州找到了袁恕己。这次该用什么手段对付袁恕己呢？袁恕己此前一直有服用道家黄金药的习惯，于是周利贞就逼迫袁恕己服下了一种叫野葛汁的毒药，这种毒药毒性非常大，一旦入口，便有铁钩钩咽喉之感。喝下野葛汁的袁恕己痛苦万分，拼命地用双手抓地，竟把手指甲都给抓脱了，露出了白骨，很快就一命呜呼。

将这三人一一处死之后，周利贞立即启程回京复命。

为了表示对周利贞的感激之情，武三思很快就推荐他当了御史中丞。从此以后，周利贞便成了武三思的爪牙，对其唯命是从。

眼看着武三思的势力一天比一天强大，朝中那些趋炎附势的大臣纷纷投靠。

在这些人中，由于周利贞与太仆丞冉祖雍、李悛、光禄丞宋之逊、监察御史姚绍之对武三思极尽谄媚之能事，所以当时人们把这五人称为"三思五狗"。

有了这么多人围绕在自己身边，武三思甚是得意。也许是得意过了头，他竟不小心说出了一句旷世名言："我不知何等名善人，唯与我者殆是哉。"意思就是说：我不知这个世界上什么是好人，但对于我而言，只要对方对我好，他就是好人，对方对我不好，他就是坏人。

身为皇帝，面对如此嚣张的武三思，中宗仍旧是听之任之。

重俊政变，婉儿陷危局

五位大臣被灭，最高兴的人莫过于武三思和韦后了。五位大臣在位时，他们控制着朝廷，这让一心想掌控国家权力的武三思和韦后感到十分不舒服。现在五位大臣都已被灭，武三思和韦后就成了实际掌控国家最高权力的人，而懦弱的中宗无非就是一个摆设，只不过他自己没意识到而已。

对于中宗李显来说，五大臣的死，让他大有如释重负之感，因为从此以后，没有人再对他指手画脚了。他本以为自己可以安安稳稳地继续做他的皇帝，可让他万万想不到的是，他的后院竟然起火了，这是怎么回事呢？

李显一生共生育了四个儿子、八个女儿。

长子李重润，为韦后所生。701年，因与异母妹妹李仙惠、妹夫武延基议论武则天私生活，被二张兄弟告发，惨遭杖杀，死时年仅十九岁。次子李重福，为后宫某宫女所生，其妻子是二张兄弟的侄女。

三子李重俊，也为后宫某宫女所生，李显再次即位后，于706年将其立为太子。

四子李重茂的生母也是后宫某氏。

在李显的八个女儿中，安乐公主是历史上最为著名的一位。前面曾提到，李显为了拉拢武三思，曾将安乐公主嫁给了武三思的儿子武崇训。

安乐公主生于684年李显被武则天废掉帝位贬谪房州的途中。因为条件恶劣，安乐生下来竟没有一件可以包裹身体的衣服，李显十分心疼，便脱下自己的衣服将她包裹好，故小名曰裹儿。对于这个自幼受苦受难的小女儿，李显和韦后甚为疼爱，可谓是捧在手里怕摔了，含在嘴里怕化了。后来，李显返回京城被重新立为太子后，安乐公主也一起返回。也许是因为父亲的过于溺爱，安乐公主生性娇蛮，飞扬跋扈，而且野心勃勃。

李显在登上帝位之后，就开始考虑立太子之事。按常理，太子之位应由韦后所生的李重润即嫡长子继承。可是此时李重润已死去多年，为此身为母亲的韦后痛不欲生。

对于这个自己出于无奈而立的太子李重俊，韦后怎么看都不顺眼。要不是自己的儿子惨死，如今坐在太子之位上的一定是他，怎么会轮到这个臭小子呢？因此，韦后总是给李重俊脸色看。和韦后一样，身为妹妹的安乐公主更是不把这位太子哥哥放在眼里。她经常寻找各种理由刁难李重俊，更离谱的是，她竟然把这个贵为太子的哥哥叫奴才。看到韦后与安乐公主这般对待李重俊，武三思跟儿子武崇训也同样不把李重俊放在眼里，时常对他冷嘲热讽。

对于韦氏母女以及武三思父子的刻薄，李重俊心里有火，却不能发。因为他很明白，自己的太子之位来之不易，而且凭他当时的实力，是无法和这些人抗衡的。

如果没有后来发生的事，也许李重俊会一直忍下去，直到父亲李显去世、自己当上皇帝那天为止。这件事的罪魁祸首就是安乐公主。

前面说过，安乐公主是个野心勃勃的女人，她一心想像祖母武则天那样当皇帝。707年的一天，安乐公主跑到中宗李显那里，劝说父亲废黜李重俊，然后册立她为皇太女。果真如此的话，日后李显去世，她就可以顺理成章地继承皇位了。

一直以来，中宗对于安乐公主的任何请求都是一口答应。但在这件事上，中宗选择了拒绝，他认为女儿的这个请求太过离谱。

虽然中宗拒绝了安乐公主的请求，但这件事很快就传到了太子李重俊的耳朵里。本来，李重俊自从当上太子之后，就战战兢兢，生怕太子之位被人夺了去，当他听说安乐公主想要让中宗立她当皇太女时，他憋在肚子里多年的火儿一下子爆发了。

思来想去，他最终把矛头指向了武三思父子以及那个一直在武三思背后出谋划策的上官婉儿。在他眼里，上官婉儿与武三思一起秽乱宫廷、干预朝政，罪该万死！

想到这儿，年轻气盛的李重俊决定效仿当年五王的"神龙政变"，先将武三思父子和上官婉儿除掉，然后逼父皇让位。

于是，李重俊便暗中和当年参与神龙政变的功臣左羽将军李多祚、左金吾将军李千里取得了联系。

神龙三年（707年）七月六日晚，李重俊等人行动了。他们兵分两队，一队由李重俊、李多祚悄悄带领三百名御林军，最先去武三思家里把武三思父子及其家人杀掉。另一队由李千里带领，先去玄武门那里待命，等待李重俊杀掉武三思后，再一起进入皇宫杀掉韦后以及上官婉儿，继而逼唐中宗让位。行动一开始，李重俊与李多祚特别顺利，很快就冲进了武三思的府邸，将还在熟睡的武三思以及他的儿子武崇训乱刀砍死（安乐公主因为当晚在宫里过夜，而侥幸地逃过了一劫）。杀死武三思父子以及府上的十多口人后，李重俊与李多祚便立即掉转马头，直扑皇宫。

因事先李重俊已安排李千里占领了各个宫门，三百多御林军很顺利地就进入了后宫。正在熟睡的中宗和韦后突然惊醒，听见外面有人喊：交出上官婉儿！正在这时，上官婉儿和安乐公主闻声也跑了出来。

中宗知道大事不妙，眼睛直接盯上了上官婉儿，想要把她交出去。上官婉儿不愧是个聪明的女人，她见中宗要交出自己，急中生智道："如果陛下交出婉儿能平息祸乱，婉儿万死不辞！就怕太子得到婉儿之后，会接着要皇帝和皇后的性命！"这话可谓是掷地有声。中宗一听，立即想到了当年的神龙政变，母亲武则天就是在群臣逼迫之下退位的！

可是他转念又一想，不交出婉儿该怎么办呢？就在此关键时刻，婉儿又说话了："玄武门坚固，又有禁军保卫，请皇帝、皇后和公主随我来，到玄武门楼上暂避兵锋！"

中宗一听，不禁眼前一亮，于是几个人跌跌撞撞爬上了玄武门城楼。此时，另一个御林大将军刘景仁得知宫里发生叛乱，立即率领一百多士兵赶到了玄武门保卫皇帝。很快，太子和李多祚的人马就浩浩荡荡来到了城楼下，双方展开了对峙。

就在此千钧一发之际，李重俊迟疑了。此次发动兵变，他只想杀掉上官婉儿，并没有打算要跟皇帝开战。可现在上官婉儿和皇帝在一起，他到底是一锅烩呢，还是跟父皇谈判，让他交出上官婉儿呢？

就在他犹豫之时，中宗身边的一个宦官杨思勖站了出来，此人长得高大威武，性格强悍，他对中宗说："陛下，等我下去取他的首级！"说着就提着刀冲到了城楼之下，直奔李重俊的前军总管而去，眨眼之间，这位总管便身首异处。众人见前军总管一死，一时军心大乱。站在城楼上的中宗见状，立刻高声喊道："诸位将士听着！你们都是朕的宿卫战士，为什么要跟李多祚谋反！现在你们如果能阵前起义，杀死谋反者，朕保证对你们既往不咎，并保你们享受荣华富贵！"

众士兵一听，当即倒戈。正所谓兵败如山倒，顷刻之间，李多祚等人的头就被砍了下来。李重俊见状，立即率领几个随从杀出重围，直奔终南山而去。到了山上，李重俊正要坐在一棵树下休息，不承想一个随从抽出刀子把他杀死了。

这场政变就这样以失败而告终了。

这是上官婉儿一生中遇到的少数几次危情之一，如果不是她机警过人，恐怕也如武三思父子一样，死无葬身之地了。那么，侥幸逃过一劫的上官婉儿，此后又会做些什么呢？

韦后乱政，宠上加宠

武三思父子之死对于中宗李显打击很大，他从此失去了一个重要的政治伙伴。为了表示对武三思父子之死的悲痛之情，中宗为他们举行了隆重的葬礼，追封武氏父子为王，同时还为他们辍朝五天。

然而就在中宗为武三思父子的死悲痛欲绝之时，韦后却在心里偷笑。也许有人会认为以韦后和武三思之间的亲密关系，韦后定会为他的死而痛不欲生，而事实却恰恰相反。在韦后看来，武三思的死无疑意味着她可以有出头之日了。

正如前面所述，中宗李显为了震慑相王李旦、太平公主兄妹，以及打击那些政变功臣，而不遗余力地拉拢武三思，从而形成了李、武、韦三家政治联盟。对于这三方势力来说，无疑韦家是实力最弱的一方，这便使得一心想控制朝政大权的韦后倍感势力单薄。正所谓识时务者为俊杰，既然自己的实力不如别人，就必须学会低头。她十分清楚，有武三思在，自己的皇帝梦永远只是一个梦，根本不会成真。

然而如今武三思已经在李重俊政变中被乱刀砍死，这个政治联盟的力量也就从此发生了变化，在这种变化中，韦后发现了机会。所以武三思一死，韦后就开始变得猖狂起来。

那么她是如何做的呢？她所做的第一件事就是大肆培养亲信。她将自己的堂兄韦温，族人韦安石、韦巨源提拔为宰相，以控制朝廷中枢。一时间，韦家的势力空前膨胀。

接着，她开始大肆笼络朝中有声望的大臣。为此，她可谓用心良苦，费尽心机。当时朝中有一个叫窦怀贞的大臣，此人声望极高，于是就成了韦后极力拉拢的第一个人。

如何才能将其招致麾下呢？韦后想出了一个计策。708年除夕之夜，中宗将一些亲信大臣召到宫里守岁。宴席之上，每个人都喝了几杯。此时，中宗对窦怀贞说："听说爱卿的夫人已经去世很久了，我已经帮你选好一个新夫人了，今天就是良辰吉日，现在就成婚吧！"

中宗话音刚落，只见殿中重帘一掀，两队宦官举着烛台、锦帐、宫扇等一应器具，走了出来，新娘就在宫扇的后面。她身穿凤冠霞帔、大红礼服，头上戴满金钗。站在一旁的窦怀贞此时感到无比幸福，既然是皇帝为自己亲自挑选的新娘，定是个貌美如花的大美人。此时，宦官将新娘带到窦怀贞面前。窦怀贞急不可待地想看新娘一眼，扇子一张开，他就满脸笑容地凑了上去。可是只看了一眼，他就愣住了，脸上的笑容瞬间消失。这是怎么回事呢？原来，扇子后面的新娘根本不是什么如花似玉的姑娘，而是一个满脸皱纹的老太太。中宗见窦怀贞愣在那里，便开口道："窦爱卿啊，这位夫人是翊圣皇后的老乳母，现在皇后要把她许配给你！"窦怀贞一听这老太太如此有来头，当即又堆满了笑容，两人就这样在中宗和韦后面前拜了天地，成了婚。

窦怀贞就这样被韦后彻底拉拢了过去。此后，韦后更是频频出招，连武三思那边的人都投奔到了她的门下。很快，韦后就有了一个属于自己的政治集团，其势力也开始在朝廷里慢慢壮大起来。

在成功拉拢了一批朝廷重臣之后，韦后又在后宫展开了拉拢行动。那么后宫当中有谁值得拉拢呢？此时，韦后想到了上官婉儿。婉儿聪明能干，跟随武则天多年，头脑机警，经验丰富，而且在朝廷里也有广泛的人脉。自从中宗李显复位之后，婉儿就开始给中宗做秘书，负责替中宗起草诏书，当时有人甚至称她为"内宰相"。如此一个能干之人，如果将其拉拢过来，日后必会对自己大有帮助。

但问题是此时的上官婉儿已经被拜为二品昭容，从职位上提拔她已经不可能了，这该怎么办呢？韦后决定在生活上给予上官婉儿优待。怎么个优待法呢？韦后知道上官婉儿生性多情浪漫，在朝中有很多情人，由于住在宫中，不方便和情人们约会。于是韦后便向中宗提议，在宫外给上官婉儿一套府邸，让她搬到宫外去住，这样一来，她就有机会跟那些情人幽会了。

在成功地将上官婉儿拉拢到身边之后，韦后又把一个叫贺娄的五品女官封为内将军，让其负责保护自己的安全。就这样通过种种手段，韦后在后宫里也打造了一个忠于自己的集团。

在韦后的精心谋划下，她的身边已经聚集了一大批文臣武将。然而韦后还是不满足，在她看来，要想进一步上升，光靠自己的努力是远远不够的，还要得到上天的支持才行。为此，她开始大肆制造祥瑞。李重俊政变刚刚过去不久，天上的各路神仙就开始一拨一拨地围着韦皇后打转了，祥瑞也是层出不穷。

神龙四年（708年）二月，宫里的一个女官在给韦后整理衣箱时惊叫起来："大家快来看，皇后的衣服上升起了一朵五彩祥云！"

宫女们听到后，都纷纷围了上去，想一睹祥云的风采，可她们看了半天，什么也没看见。虽然有人也在心里犯嘀咕，但谁也不敢妄加断言，于是所有人都纷纷附和。很快消息就传到了中宗那里，中宗一听，大为惊喜，当即找来画工根据宫女的口述，绘了一幅祥云图，把皇后衣服上腾起的五彩祥云描绘得花团锦簇、吉祥得无以复加。最开始，中宗下诏将这幅祥云图在宫中传看，后来又昭告各州，一时间天下百姓都认为皇后身上出了祥瑞。

不久之后，另一个祥瑞又出现了。有一个叫迦叶志忠的知太史事给中宗进言道："臣每天在上朝退朝时，在路上总能听到长安城的小孩子们在唱一首歌谣。歌谣的头两句是：'桑条韦也，女时韦也。'臣觉得这个歌谣大有深意。'韦'就是皇后的姓啊，'桑条'不就是在歌颂皇后母仪天下，亲自养蚕、采桑，教导天下妇女吗？所以这是皇后得到上天认可的标志啊，就好比当年太宗皇帝还没当皇帝的时候，天下就争相传唱《秦王破阵乐》；则天皇后还在后宫，天下就传唱《武媚娘》。所以臣编了十二首《桑韦歌》，以后可以在皇后养蚕的时候演奏。"

中宗一听，当即应允。

在将这一切都安排妥当后，韦后决定效仿武则天，亲自参与主持一项国家大典，即封禅。封禅是中国古代最隆重的典礼，所谓封禅，是古代帝王为祭拜天地而举行的

活动，封禅地点通常选在泰山。所谓"封"就是天子登上泰山筑坛祭天，而"禅"则是在泰山下的小丘祭地，向天地宣告人间太平。在活动过程中，皇帝是初献，就是第一个把祭品捧上去的人。而公卿代表是亚献，第二个摆上祭品。但在当年唐高宗和武则天封禅泰山时，唐高宗初献之后，担任亚献的，不再是公卿代表，而是皇后武则天！武则天曾因这事大出了一番风头。

这让韦后羡慕不已，然而封禅典礼由于规格极高，所以只有在国泰民安、皇帝备受推崇的情况下才能举行，很显然以中宗当时的情况看，是根本不具备举行封禅典礼的资格的。这该怎么呢？韦后想来想去，决定退而求其次，撺掇中宗于景龙三年（709年）三月，昭告天下，在长安城的南郊举行祭祀天地的大典。

南郊祭天也是最高规格的国家典礼之一，典礼必须严格按照之前商定的程序进行。此时，韦后积极拉拢的那些支持者便有了用武之地。当时，一个叫祝钦明的人就上奏中宗说："臣在翻阅古书时发现，在远古每逢大的祭祀，都有皇后参与献祭。所以这次南郊祭天，韦皇后也应当参加，并助祭天地。"中宗对此稍感迟疑，于是就找来当时的宰相韦巨源商议。韦巨源乃韦后同族，当然不会提反对意见。于是仪式规程就此敲定下来，由韦后代替公卿大臣充当亚献。

按规定，亚献的祭品应有斋郎充当，所谓斋郎就是大臣家的年轻男子，他们在替皇帝捧着祭品举行完仪式后，会被加官晋爵。这就有问题了，现在的亚献由皇后充当，如果再用斋郎捧祭品的话，有点不合礼数。这该怎么办呢？韦后脑袋一转，立马说道："既然可以有斋郎，为什么不能有斋娘呢？从宰相们的千金里选十几个姑娘，让她们担任斋娘不就行了吗？"就这样，礼仪官从相府里挑了十几位千金，替韦后捧祭品。

按照惯例，斋郎在礼仪完毕之后是要被加官晋爵的，那斋娘怎么办呢？韦后又说道："既然斋郎可以当官，斋娘为什么不行呢？不过由于内外有别，这些斋娘本人不能封官，那就封给她们的丈夫吧。"就这样，这些斋娘的丈夫都被加封官职。

就在韦后费尽心思为自己的皇帝之路做铺垫时，她的女儿安乐公主在做什么呢？

安乐弄权，专横跋扈

　　前面说到安乐公主一心想让父皇封她为皇太女，将来她就可以登基当皇帝，结果不但没成功，还激怒了太子李重俊，致其发动了政变。对于安乐公主来说，这次政变对她的打击是相当大的。她的丈夫和公公在世时，因其权势甚大，安乐公主倚仗着他们专横跋扈，不可一世。现在丈夫和公公都死了，她的依靠瞬间就消失了。

　　为了纪念死去的丈夫，安乐公主请求中宗将他坟墓的规格提升为陵，没想到却遭到了一个谏官的坚决反对，这让一向骄横的安乐公主大感不快。

　　而当她看到母后正在为自己大张旗鼓地发展势力时，她高兴极了。在她看来，如果母后能成功当上皇帝的话，她就可以请求母后封自己为皇太女了。前面提到，韦后唯一的儿子李重润已经被武则天杖杀，而安乐公主的四个弟弟也在岭南被杀害了。这样一来，韦后当上皇帝之后，就没有心仪的接班人了。那么作为她最宠爱的女儿，安乐公主继承皇位的可能性就更大了。

安乐公主越想越高兴，很快就把丧夫之痛抛诸脑后了。她接下来要做的就是极力讨好母后，和母后打好感情基础。

在韦后看来，安乐公主的丈夫已经去世，不能让安乐公主就这么守寡，于是她就打算给安乐公主重新找一门婆家。

其实安乐公主心里早已经有人选了，此人就是武延秀，其前夫武崇训的堂弟。

和前夫武崇训比起来，武延秀要英俊得多，可谓一表人才。两人很早之前就认识，那是在安乐公主的婚宴上。当时安乐公主就对这个多才多艺、能说会道的武延秀产生了好感。

自从安乐公主嫁入武家之后，武延秀常常跑到安乐公主那里做客。时间一长，两人就开始私通。现在武崇训已死，安乐公主终于如愿以偿了。

在韦后看来，自己最疼爱的女儿的婚礼一定要办得风风光光才行。据说，中宗专门派自己的禁军为安乐公主的婚礼担任护卫。禁军的后面是皇后的仪仗队，再后面是公主的豪华婚车，这是专门给皇后参加大型典礼活动配备的，由安乐公主的亲叔叔相王李旦亲自引导。礼过后，中宗还大赦天下，以示普天同庆。

虽然婚礼已经相当奢华了，可韦后和中宗还觉得不够。婚礼次日，中宗大摆宴席，宴请群臣。就在大臣们刚刚落座时，安乐公主来了，大臣们见安乐公主驾到，慌忙离席，向她磕头请安。很快，太平公主也带着自己的丈夫武攸暨前来拜贺，为了让韦后高兴，两人还专门跳了一曲双人舞。

女儿大大出了一回风头，作为母后的韦后也十分高兴。这对母女俩一唱一和，十分默契。事实上，和当年的武则天相比，韦后之所以能如此飞扬跋扈，乃是因为中宗李显的纵容。然而纵容总是有限度的，那么这对已被权力迷住双眼的母女日后又会有什么举动呢？

中宗暴崩，局势大变

也许中宗不会想到，就是这对自己最宠爱的母女日后竟成了杀害自己的凶手。这是怎么一回事呢？

在我国历史上，中宗怕老婆是出了名的。

有这样一个故事。某天中宗在宫里举行宴会，安排了很多优人到场助兴。有个优人自告奋勇想唱支曲子，曲名叫《回波辞》。中宗点头应允了。优人开口唱道："回波尔时栲栳，怕妇也是大好。外边只有裴谈，内里无过李老。"这曲子的意思大概就是说怕老婆是一件大好事，在宫外有个人最出名，此人就是裴谈，在宫里也有个人最出名，此人就是中宗李显。

裴谈当时在朝中任御史大夫，三品高官，在外面向来是威风凛凛，可一回到家，就对夫人俯首帖耳，唯唯诺诺，很多人为此嘲讽他，他却不在意。

曲子唱毕，在场的人无不哈哈大笑。中宗自然十分尴尬，但也不敢吭声。韦后见状，立即下令："唱得有趣，赏丝绸！"李显依旧默默不语。

中宗纵容韦后，不仅让她公开参与朝政，甚至还对她包养男宠听之任之。据史书记载，韦后有两个有名的男宠：一个叫杨均，一个叫马秦客。杨均擅长烹调，马秦客医术高明。

那么中宗又是如何宠溺安乐公主的呢？安乐公主如果想办什么事，从来都是事先自己拟好诏书，然后拿给中宗用印就可以了。安乐公主生得漂亮，极其爱美。据说，她曾做了一条漂亮的裙子，名为"百鸟羽毛裙"。裙子由各种鸟的羽毛织成，五彩斑斓，材料罕见，做工极其考究。为了给安乐公主织这条裙子，中宗竟然专门派人到岭南采集热带鸟的羽毛。

对于安乐公主的儿子，中宗也一样宠爱有加。她儿子刚刚四五岁，就被封为太常卿，爵封镐国公，实封五百户。后来安乐公主和武延秀的孩子出生后，中宗在安乐公主的府邸颁布大赦令，大赦天下。

一次，安乐公主和自己的姐姐长宁公主比富，两个人一掷千金，四处圈地，把房子建得如皇宫一般，难以分出胜负。

此时，安乐公主想出了一个主意。

她去找中宗，让中宗把昆明池赐给她。昆明池当年由汉武帝开凿，是当时长安城里著名的风景名胜区，安乐公主心想如果父皇把这个池子给自己的话，姐姐就没法和自己比了。

可是这昆明池在当时十分重要，周围有好多老百姓靠捕鱼捞虾为生。如果把它给了安乐公主，这些百姓怎么办呢？想来想去，中宗拒绝了。安乐公主见父皇没同意，立即大发雷霆。她当即下令让人挖一个比昆明池还大的池子，这池子要比昆明池大得多，取名"定昆池"。在定昆池里，安乐公主还仿照西岳华山造了一座假山，丝毫不逊于真正的华山。上边栈道萦回，下面碧水曲折，宛如人间仙境。工程完工后，中宗不仅没生气，还带领着文武大臣给安乐公主助兴，与众人在池上泛舟。

可以说，对于韦后母女来说，中宗李显不仅是个好丈夫，还是个好父亲。事实上，李显的悲剧就在于他把自己的爱给错了人。如果他娶的不是韦后，如果他的女儿不是安乐公主的话，也许李显会享尽天伦之乐。可是人生没有如果。

景龙四年（710年）六月，唐中宗突然去世了，死前没有任何征兆。关于中宗的死，历史上众说纷纭，莫衷一是。

据《资治通鉴》记载："五月，丁卯，许州司兵参军偃师燕钦融复上言：'皇后淫乱，干预国政，宗族强盛；安乐公主、武延秀、宗楚客图危宗社。'"意思是说，许州司兵参军偃师燕钦融向中宗状告皇后淫乱，公主、驸马和大臣谋逆。

中宗一听，不禁打了个寒战，于是立即召来燕钦融当面盘问。面对中宗声色俱厉的盘问，燕钦融不卑不亢，大义凛然，一口咬定自己所报之事属实。事实上，此时的中宗已经对韦后和安乐公主心生不满了。她们所做的那些丑事已经在宫里传得沸沸扬扬，中宗毕竟是一国之君，感觉十分没面子。他沉默了一下，然后就让燕钦融退下了。

没想到，此时韦后的党羽宗楚客早已安排人在殿外等着燕钦融出来，结果燕钦融刚出大殿，就被刺客杀死了。中宗得知燕钦融被刺死的消息后，勃然大怒。韦后和安乐公主担心中宗会降罪于己，于是决定下毒害死中宗。

中宗之死对于当时动荡不安的唐朝政局来说，无疑是一个晴天霹雳。他是突然暴崩，死前没册立太子。这样一来，在其死后，李唐朝廷便围绕立储问题展开了激烈的交锋。

那么，此后的李唐王朝又会发生怎样的事情呢？谁会成为大唐的真正领导者呢？

远离韦后，依附太平

中宗一死，册立太子一事就成了当时所有人关心的大事。此时的李唐王朝最有权力的人是谁呢？是韦后。早在中宗在世时，韦后就与其一起临朝称制。现在中宗不在了，她自然就成了最有话语权的人。

可是到底该立谁为太子呢？此时，中宗所有在世的儿子只有二子三十一岁的李重福和四子十六岁的李重茂了。李重福和李重茂都是一般宫妃所生，出身相同。于是在这两个人之间，韦后开始了一番思索。按照传统，三十一岁的李重福应该被立为太子，可韦后并没有这样做，这是为什么呢？

事实上，她对这个李重福有很深的怨恨。韦后认为，李重福就是那个杀死自己唯一亲生儿子李重润的罪魁祸首。当年武则天在位时，宠信二张兄弟。李重润和妹妹永泰公主以及妹夫武延基一起议论二张兄弟干政，不成想被张易之知道了，张易之又将此事告诉了武则天，武则天一怒之下，责令李显逼死了重润兄妹。韦后为何会对李重福有仇呢？因为李重福的妃子是张易之的外甥女，她怀疑是李重福夫妇告的密。

对于这个害死自己亲生儿子的凶手，韦后怎么会放过呢？于是，她在当上皇后之后，就立即把李重福流放到了湖北均州。

而韦后不选择李重福还有另外一个原因，就是她自己有野心。前面说过，韦后一直把武则天当成自己的榜样，日夜做着当皇帝的美梦。

现在中宗已死，她认为机会来了。她先要当一个掌握朝政大权的太后，继而再向皇位发起冲击。那么，李重福和李重茂比起来，哪个会更听话呢？当然是只有十六岁的李重茂了。可是，这种废长立幼的做法是有违常理的，她怎么跟满朝文武大臣交代呢？

思虑再三，韦后打算拟定一个假遗诏，称中宗留有遗言让小儿子李重茂继太子之位，由韦后临朝称制。对于中宗立下的遗诏，谁敢不信呢？可是这个遗诏具体该怎么写呢？想来想去，韦后想到了自己的心腹上官婉儿。

对于上官婉儿来说，这是她一生当中的一个重要的节点，她日后的命运走向跟这件事密切相关。按常理，此时的上官婉儿是韦后的心腹，对于韦后交代的事，她只要照做就行。可是上官婉儿没有，那么她到底在想些什么呢？

按照韦后的授意，这个遗诏必须包括两个内容：第一，让十六岁的李重茂接班当皇帝；第二，让韦后辅政。

在上官婉儿看来，第一点没有任何问题。既然中宗已死，继承人理所应当从这两个儿子中选。此时李重福已被流放外地，身在朝中的就是这个十六岁的李重茂，所以选他为继承人，朝中应该不会有任何争议。

而对于第二点，上官婉儿认为十分不妥。

一向极富政治洞察力的上官婉儿其实早看出了韦后的野心。可是在她看来，这个韦后根本不能和武则天相比。事实上，韦后的政治影响力远不及武则天。武则天有着长达二十三年临朝参政的历史，其间，她做了很多令广大官民拍手叫好的事，她在民众的心中早已有了崇高的声望。所以，当高宗在遗诏中写下"军国大事有不决者，兼取天后进止"时，没有人觉得有何不妥。而韦后呢？她只当了五年的皇后，还没在民众心中树立起牢固的形象。如果在遗诏中也写上"军国大事有不决者，兼取顺天翊圣皇后进止"的话，广大民众会做何感想呢？

同时，她也看到，此时李唐皇族的势力是十分强大的，他们怎么能允许韦后胡作非为呢？一旦韦后成功称帝，他们就将是第一批被除掉的人。而更重要的是，在李唐皇族之中，安国相王李旦和镇国太平公主的势力仍不可小觑。

自太子李重俊发动政变之后，太平公主见韦后母女权势太盛，也在暗自发展势力，在朝廷里广结党羽。而相王李旦呢？虽然他本人没什么政治野心，为人低调，但谁能保证他那五个儿子日后不会兴风作浪呢？事实上，这两个人的实力之强，就连那些边远地方的少数民族都有所耳闻。据说，当时吐蕃派人来唐和亲，吐蕃使者共带了四份厚礼，其中有两份就是送给相王和太平公主的。如此势力强大的两个政治强人怎么会给韦后称帝的机会呢？

另外，上官婉儿自己也对韦后没信心。她对韦后的态

度从李重俊政变之后，发生了一百八十度的转变。

当初，武三思在世时，婉儿仗着中宗的宠信以及和武三思的亲密关系，权势日盛。为此，她也开始大力提拔自己的亲戚。她把姨妈的儿子王昱提拔为了左拾遗，这个王昱是个头脑清醒之人，他对婉儿的母亲郑夫人

上官婉儿画像

说："则天之后，武家已经被上天所厌弃了，不可能再当皇帝。如今，婉儿姐姐一心依附武三思，总有一天会有灭族之灾，请您好好想想，劝劝她吧！"郑夫人很快就把这话传给了婉儿。起初，婉儿并没当回事，但当太子李重俊发动政变时，居然打出了杀死武三思和上官婉儿的旗号，这让婉儿意识到问题的严重性了。聪明的上官婉儿认为，既然武三思作为外戚干政惹人忌恨，那么韦后不也一样吗？自己跟着韦后，万一有一天韦后倒台，自己也将受到连累，那时可就大难临头了。于是，她开始渐渐疏远韦后。

既然不打算做韦后的跟班了，那么她会选择谁做自己的依靠呢？她认为投奔李唐皇室是最好的选择。考虑到和太平公主之前的交情，婉儿决定亲近太平公主。可是之前她跟韦后走得太近，如何能让太平公主打消对自己的疑虑呢？现在有一个大好的机会就摆在面前。

在上官婉儿心里，太平公主既有谋略又有胆略，何不去找她商量一下呢？

于是婉儿很快就找到了太平公主，跟她详细说了事情的经过，两人连夜起草了一份遗诏，内容一共包括三条：第一条，立温王李重茂为皇太子；第二条，韦皇后封为知政事；第三条，相王李旦封为参谋政事。

遗诏的前两条是韦后所设想的，而这第三条就大有学问了。看得出来，太平公主和上官婉儿的目的就是要让相王李旦代表李唐皇族，与韦后互相制衡。

那么对于一心想独揽大权的韦后来说，她会同意这个方案吗？当然不会。当上官婉儿将这份遗诏公之于众之时，韦后的党羽宰相宗楚客就第一个站出来反对了。

宗楚客是武则天堂姐的儿子，此人是一个不折不扣的小人。早年武三思得势时，他依附武三思，武三思死后，又转而成了韦后的爪牙。

他很有野心，曾对人说："开始我当小官的时候，一心想当宰相；现在当了宰相呢，又想当皇帝，哪怕让我过一天的瘾也好呀！"可见在他的内心深处，很想过一把皇帝瘾。可他也很清楚，自己离皇帝这个位置可谓是十万八千里，既然如此，当个皇帝的佐命功臣也不错。

由于此时的韦后称帝一副大势所趋的样子，他觉得跟随韦后日后必然能飞黄腾达。所以当他听到遗诏中的第三条时，随即发现了问题。于是，他拿着遗诏去找宰相韦温商量。韦温是韦后的堂兄，是当时位高权重的一个人物。宗楚客指着遗诏对韦温说："现在太子年轻，让韦后辅政，这是理所当然的，但为何又让相王参谋政事？这相王和韦后乃是叔嫂的关系，古礼讲究'叔嫂不通问'，怎么能让他们二人同时辅政呢？这个遗诏不能执行！"

韦温一向站在韦后这边，听宗楚客这么一说，两人便商量一起联名上书要求将这份遗诏废除，直接请韦后临朝称制。随后，他们便找来其他几位宰相签字，由于此时这两人权势甚大，其他宰相慑于他们的威势，都不敢发表异论，便都签了字。他们联名上书要求改掉遗诏的有关条款，直接让韦后摄政。

当上官婉儿遇上武则天

当太平公主和上官婉儿得知韦温等人要求更改遗诏，废除第三条方案时，顿时感到大事不好。同时，她们也意识到，倘若这份新遗诏能够通过的话，那么这也就成了她们打击韦后的一个口实。

有了宰相们的大力支持，韦后更加信心十足了。她立即展开行动，开始为自己登基做起了准备。她先是将中宗死亡的消息封锁起来，然后调集五百精兵前往湖北均州防范李重福反叛，以巩固太子之位。接着，她又派两个心腹宰相裴谈和张锡到东都洛阳，稳定东都形势，以控制事态，防止东都生变。既然她废除了之前的遗诏，因担心李旦闹事，她便将李旦提升为太尉，官居一品。此外，她还将李旦的长子李成器封为宋王。

在安排完李旦之后，她又火速提拔了吏部尚书张嘉福、中书侍郎岑羲、吏部侍郎崔湜当宰相。有这几个铁杆党羽给自己做后盾，韦后感觉踏实了很多。如此一来，韦后就已经彻底控制了朝廷的权力中枢。

韦后知道只有掌握了军队，才能确保自己的安全。当时唐朝的军队分为府兵和禁军两个系统，府兵是民兵，是从各地抽调来的，任务是轮流到京城值勤，保卫朝廷；禁军是职业兵，常驻京城，专门负责保卫皇帝。于是韦后先召集五万府兵到长安，将其分成左右两营，由她的两个娘家堂侄掌管。当时禁军系统内部又分成两支力量，一支叫飞骑，另一支叫万骑，而这两支队伍又各分左右，等于禁军实际上有四支队伍，韦后便将两个韦家子弟、自己的娘家外甥和安乐公主的丈夫武延秀安插了进去。如此一来，她就牢牢控制了军队。

待这一切都安排妥当之后，韦后才昭告天下，宣布中宗已经去世，同时立十六岁的李重茂为太子，接着立即安排他登基当皇帝，改元唐隆。如此一番动作后，韦后的心思已经是"司马昭之心，路人皆知"了。

就在韦后大权独揽、磨刀霍霍，准备向帝位发起冲击时，李唐皇室被彻底激怒了，其中反应最强烈的便是镇国太平公主。

第四章
风云突变

人算不如天算，也许是对权力过于迷信和执着，一向在政治斗争中长袖善舞的上官婉儿也有马失前蹄的时候。人生如行棋，一招不慎满盘皆输。已经躲过无数次危难的上官婉儿，最终没能躲过李隆基的屠刀，四十六岁的生命，就此香消玉殒。

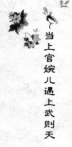

太平出手，运筹帷幄

太平公主性格强硬，又极富谋略。眼看韦后结党弄权，李唐江山岌岌可危，太平公主再也坐不住了，她决定跟这个野心勃勃的韦后决一死战。

和那个不知天高地厚的太子李重俊比起来，太平公主要显得有谋略得多，她十分清楚自己目前的处境，以她当时的实力，直接跟韦后兵戎相见，绝无胜算。

事实上，从武则天晚年开始，朝廷多次发生政变，作为一个见证者，太平公主对于政变的概念早已根深蒂固。在她看来，目前形势岌岌可危，一旦让韦后得手，李唐皇室就将再一次面临灭顶之灾。为了挽救李唐王朝，只有再发动一次政变了。只要能把韦后除掉，李唐王朝就转危为安了。

然而，她也十分明白，发动政变是极其复杂的工作，光靠一个人的力量是无法完成的，她必须有帮手才行。应该找谁来当自己的帮手呢？思来想去，她想到了哥哥相王李旦。此时，李旦的处境跟太平公主一模一样，一旦韦后目的得逞，李旦就会成为她第一个要打击的目标。如果找李旦帮忙，他定能答应。

事实上，此时的太平公主也有自己的打算。在她看来，和李旦联手发动政变的话，凭李旦的身份和地位，必然是李旦为主，她为辅。如果政变成功，李旦当上了皇帝，自己也无非是个功臣而已。此时，她不禁想到了当年神龙政变的那帮功臣，政变成功后，中宗李显非但没怀感激之心，还处处猜忌他们，最终导致那些功臣惨死。再一想到自己，日后李旦称帝，也免不了是这个结局。这该怎么办呢？如何才能找到一个合适的伙伴呢？就在太平公主一筹莫展之际，一个人出现了。

此人便是相王李旦的儿子李隆基。

李隆基是相王的侧妃窦氏所生，是庶出，因排行老三，人称"三郎"。天授三年（692年），李隆基刚满七岁。某天，李隆基带着自己的士兵前去拜见祖母武则天，当时负责守卫的是武则天的堂侄武懿宗。此人是个胆小如鼠之徒，当年武则天派他率军抵抗契丹人，他率领浩浩大军出征了，可是到了前线，根本不见契丹人的影子。他大大松了一口气，就在这时，有人来报："契丹人来了！"武懿宗一听，当即小便失禁，拨转马头落荒而逃。

虽然他胆小如鼠，没什么本事，但却仗着自己是武则天的侄子，一副趾高气扬的嘴脸，尤其瞧不起李家的人，总想找机会欺负一下李家人。

当他看到李隆基带着队伍来到时，顿时又起了歹心，想要给他个下马威。于是，他就对着李隆基的队伍大声喝道："瞧瞧你们的队形！有这么排队的吗？到那边去！"

他本以为这一吼会把小小的李隆基镇住，没想到李隆基根本不吃他这一套，他当即转过身，朝着武懿宗说道："这是我家的朝堂，与你何干？我的卫兵轮得着你来教训吗？"武懿宗当即气得脸红脖子粗，一句话也说不出来。武则天见这个小孙子如此厉害，不禁哈哈大笑起来，武懿宗站在一旁，唯唯诺诺，默不做声。

由于生在帝王家，李隆基从小就看惯了宫廷里的政治斗争，深知其中的凶险。当年武则天在位时，他的母亲窦夫人不知因为什么，惨遭杀害，尸骨无存。而他自己也和父亲相王李旦一起被软禁多年，整天过着担惊受怕的日子。长大之后，每当想起往事，他便不寒而栗。

如今看到韦后如此飞扬跋扈，竟然打起了李唐江山的主意，他不禁气恼万分。如何才能拯救即将倒塌的李唐王朝呢？此时他和太平公主想到了一起，那就是发动政变。只有发动政变，才能赢得一线生机。可是这政变该怎么搞呢？此时他便想到了姑姑太平公主。于是，他便偷偷来到了太平公主府上。

此时的太平公主正在琢磨计策，见李隆基进得屋来，心想他来做什么呢？待李隆基说明来意后，太平公主不禁大喜，这正是自己要找的人。

此时，她的大脑在飞速思考。李隆基是庶出，排行老三，将来即使李旦当了皇帝，也轮不到他继承皇位。跟这样一个初出茅庐的小毛孩子一起发动政变，将来定是自己占主导地位。另外，他既然是相王的儿子，跟他合作，还可以间接利用李旦的势力。一旦政变成功，拥立李旦当皇帝，再让这个没有什么名分的李隆基当太子，日后这对父子定会对自己感恩戴德。想到这儿，两人一拍即合。

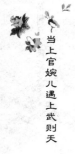

血溅旗下，死于非命

那么，这对姑侄接下来该怎么做呢？两人进行了明确的分工。太平公主由于地位尊贵，不方便出头露面，于是就负责幕后策划；而李隆基因为年纪小，又是一个爱玩儿的公子哥，他出面呼朋唤友，自然不会引起韦后党羽的注意，所以组织军队的工作便由他来负责。

当时的北衙禁军统称御林军，下面又分为飞骑和万骑两个子系统。李隆基和万骑的两个中级军官葛福顺和陈玄礼往来频繁、交情甚好。李隆基是如何跟这两个人搭上关系的呢？这要从景龙三年（709年）中宗李显搞的那次南郊祭天大典说起。当时李隆基正在潞州担任别驾，后来奉旨回京参加祭天大典。

当他发现担任亚献的竟然是韦后时，不禁倒吸一口凉气。那时他就已经意识到，韦后野心勃勃，有篡夺李唐皇位之嫌。于是从那以后，他就开始和军中之人交往。万骑在唐朝军队中的地位十分重要，它本来是唐太宗组织的一支贴身骑射部队，最初只有百十来人，称百骑。这些人各个人高马大，身体强壮，武艺高强，专门负责在皇帝出门打猎时保护皇帝的安全。随着皇权逐步加强，这支队伍的规模也日渐扩大，达到了一千人左右。

当年，太子李重俊政变时，便是用的这支部队。后来，这支队伍阵前倒戈，中宗由此捡回了一条命，为了表彰这支队伍的护驾之功，中宗又将其规模扩大到了一万人左右，称万骑。作为皇帝的贴身护卫，这支队伍一直是皇帝身边的最后一道防线，所以地位十分重要。在李隆基看来，如果能够控制万骑，就等于控制了皇帝。所以，李隆基便把目标锁定在了这支队伍上。

李隆基当时有一个叫王毛仲的贴身侍卫，此人乃高丽人，年幼时因家族原因成了官奴。王毛仲处事灵活，武艺又好，便被李隆基看中，并成了他的私人侍卫。按当时的规定，万骑便是从官奴之中挑选的，所以当时很多万骑将领，都是王毛仲的玩伴。

有了这层关系，王毛仲就被派上用场了。李隆基先派王毛仲到万骑去找昔日的好友叙旧，时间一长，王毛仲就结识了一批万骑的中层将领。随着他们之间的交情日益加深，王毛仲便把他们引荐给了李隆基。李隆基一向为人大方豪爽，而且擅长各种游戏，他经常找这些人一起玩乐，万骑的军官们都觉得这个王爷十分和蔼，没什么架子，所以都很喜欢他。

就在太平公主和李隆基暗暗集结势力时，有两个人前来投奔了，一个叫刘幽求，一个叫钟绍京。刘幽求在武则天当政时，曾担任县尉。此人十分聪明，但却心高气傲，由于和本州刺史大人不和，一气之下辞官而去。后来，他再度入仕，可仍然是个小小的县尉。当初张柬之等五个大臣策划神龙政变时，刘幽求曾游说他们彻底剿灭武三思的势力，结果被五大臣拒绝了，后来五大臣相继被武三思害死，刘幽求再一次沉寂了。中宗驾崩时，他已年过五十，可前途仍是一片渺茫。

钟绍京，出身小吏，擅长书法，曾为武则天题过很多匾额。因为出身低微，钟绍京虽然有些才华，却始终不能高升。到中宗执政时，他也只是一个小小的苑总监，主管长安城北面的皇家禁苑，这是一个管物不管人的官职。可以说，这两个人算是同病相怜，但都渴望有一天能出人头地，光耀门楣。此时正值朝廷政局风云变幻之际，这两个人决定要为自己寻找一个靠山，希望日后能飞黄腾达。

他们所选的靠山就是太平公主和李隆基。他们知道，此时的太平公主和李隆基势不如韦后强大，为了和韦后抗衡，必然会不拘一格延揽人才，以充实自己的阵营，增加和韦后斗争的砝码。

由于这两个人都是文人，所以他们自然也就成了太平公主和李隆基的智囊。另外，钟绍京是禁苑总监，长安城的禁苑就在皇宫的北面，从禁苑的最南端出来就是宫城的北门玄武门，而进入玄武门，就到皇帝的后宫了。这样一来，太平公主和李隆基就等于占得了地理优势。

直到此时，整个政变的前期准备工作已经就绪。就在太平公主和李隆基研究具体起兵日期时，突然发生了两件事，成了整个政变的导火索。这是怎么回事呢？

当时韦后身边有一个叫崔日用的人，此人出身名门望族博陵崔氏。起初，他和宰相宗楚客私交甚好，无话不谈。某次，两人闲聊时，宗楚客对崔日用说："现在韦后已经万事俱备，只要清除了相王和太平公主二人，就可马上登基称帝，到时候咱们二人都会大有作为。"

其实宗楚客虽然与崔日用相交多年，但他根本不了解崔日用的为人。和宗楚客相比，崔日用看人还是挺准的。他一直在冷眼观察韦后和太平公主这两股势力，也听说此时太平公主他们正在酝酿政变。现在听宗楚客这么大言不惭，他很有一种站错队的感觉。一直以来，崔日用在心里很鄙视宗楚客，在他看来，像宗楚客这样的人根本没资格当什么佐命功臣。夜里，他躺在床上又把当前的形势仔细地分析了一番，最终决定离开韦后，投奔太平公主和李隆基。

可是如何让太平公主和李隆基接受自己呢？想来想去，他想出了一个主意。某天上完早朝，崔日用立即换上便装，来到了宝昌寺，找到一个和尚，对他说："你赶紧去找李隆基，告诉他，韦后很快就要对李唐宗室动手了，让他们早做打算，我可以在内部帮忙。"和尚听后，立即起身，直奔李隆基处，将这一消息禀告给了李隆基。

李隆基当即决定加紧行动，准备政变。

就在这时，第二件事发生了。前面说过，中宗死后，韦后立即把两个韦家子弟、自己娘家的外甥和安乐公主的丈夫武延秀安排进了左右万骑。这四个人都是韦后的亲信，很受韦后信赖。可他们都是纨绔子弟，从没在军队待过，如今被韦后派到了军队里，他们根本不知道如何跟士兵们打交道。由于他们是被韦后直接安插到里面的，所以在军队里没什么根基，两人总是担心军人们不服。

怎么才能在军队里立威，让这些士兵服从自己呢？于是，他们便整天无是生非，故意找茬儿，常常对士兵们拳打脚踢。这些万骑士兵都是皇帝的贴身侍卫，个个心高气傲，本来就看这两个无能的上司不顺眼，现在他们居然敢对自己大打出手，是可忍，孰不可忍。于是，他们就跟自己的队长葛福顺和陈玄礼诉苦。葛福顺和陈玄礼见自己的弟兄无故挨打，心里也很不舒服，于是就去找李隆基诉说。

李隆基听了葛福顺的话，顿时心里一动，使起了激将法，他对葛福顺说："韦家子弟这么欺负你们，你们真想这么忍下去吗？他们有什么了不起的？虽说名义上是将军，其实还不就是几个光杆儿司令！只要你们二位发话，还怕弟兄们不听你们的吗？"葛福顺和陈玄礼这两人也是明白人，一听李隆基话里有话，马上就说："只要王爷您肯出头，我们肝脑涂地也在所不惜！"

听葛福顺和陈玄礼如此表态，李隆基心里顿时有底了。

就在李隆基这边已经做好军事准备时，太平公主也想出了具体的行动方案。

按照她的想法，政变应该分五步走。

第一步，李隆基提前进入禁苑，埋伏于钟绍京家中，以方便就近安排事宜。

第二步，由葛福顺率领手下将士杀死韦后派去的统帅，夺取禁军指挥权，如此可以确保军队完全掌握在自己手中，不至于内部分化，腹背受敌。

第三步，在禁军夺权后，李隆基亲自到玄武门坐镇指挥，葛福顺和陈玄礼分别率领左右万骑突入宫城，在凌烟阁前会合。

第四步，在接到葛福顺等人会合成功的信号后，李隆基再率军突入宫城，指挥捕杀韦后、安乐公主等人，彻底肃清宫内的政敌。

第五步，崔日用率军肃清宫外的韦氏势力，防止韦氏势力从外面反扑。

唐隆元年（710年）六月二十日深夜，政变正式开始。然而令人没想到的是，就在政变刚刚开始时，王毛仲跑了。见王毛仲一跑，禁苑总监钟绍京也打起了退堂鼓。之前说过，这个王毛仲是李隆基的贴身卫士，也是李隆基和万骑之间的联络人。李隆基在得知王毛仲逃跑的消息后，大吃一惊，士气大挫。

当上官婉儿遇上武则天

而更让他丧气的事还在后面。

这天黄昏时分，按计划，李隆基换上一身普通工匠的衣服，和刘幽求一起来到禁苑之内，打算在钟绍京家和葛福顺、陈玄礼两人会合。很快，他就来到了钟绍京家的门前，就在他举手敲门之时，钟绍京变卦了。他担心万一政变失败，自己不但得不到好处，还人头不保。于是任凭李隆基怎么敲门，他都不肯开门。这可把李隆基急坏了，就在他急得如热锅上的蚂蚁时，屋子里传来一个女人的声音，只听她说道："你辅佐皇室，这是为国家出力，神仙会保佑你的！再说了，你已经和他们同谋，就算现在反悔，日后追查起来也难逃一死，还不如冒险拼一把呢。"钟绍京一听，恍然大悟：对啊，如果我临阵退缩的话，到时候岂不是两头不讨好吗？于是，他便打开房门，让李隆基进去了，原来刚才说话的女人正是钟绍京的妻子。

李隆基等人走到屋里，心里悬着的石头才算落了地。对于钟绍京临阵退缩的行为，李隆基并未怪罪。正是因为钟绍京妻子的一番话，一场危机终于得以化解。

李隆基一行人一直在钟绍京家等到晚上九十点钟。这时，他们走出房门一看，正好天降流星雨。刘幽求兴奋异常，忙对李隆基说："天降流星，乃是吉兆，我们还等什么，赶紧行动吧。"

李隆基当即给葛福顺使了个眼色，葛福顺立刻率领一队万骑将士，直奔北衙禁军的营房。此时，把守营房的人都已睡着。葛福顺二话没说，当即下令士兵向韦播、高嵩的头上砍去。士兵手起刀落，眨眼之间，两个人的脑袋就被砍了下来。葛福顺拎起血淋淋的人头就在营房里大叫：

"韦后毒死先帝，想要篡权。今夜我们要杀死韦氏，奉相王当皇帝！只要是韦家的人，一个都不留！谁要是怀有二心，帮助逆贼，日后定株连三族！"

万骑士兵们早就对韦家的几个将军恨之入骨了，听葛福顺这么一说，当即表示愿意追随葛将军。北衙禁军的另一支队伍飞骑见韦氏委派的将军已经人头落地，也都表示服从。很快，葛福顺就将人头带到了李隆基面前，正所谓开弓没有回头箭，如今，韦氏委派的将军已被砍死，无论胜败，都必须要坚持下去！

此时，钟绍京率领两百多名丁匠，携带斧头和锯打破了宫殿诸门。李隆基则率领军队，在玄武门外静静等待。此时的他已经自信了很多。在政变士兵的影响下，诸门守兵、各营部队甚至在太极殿守护中宗梓宫（灵柩）的卫兵也都纷纷倒戈，加入了政变部队。

韦后闻讯后，慌忙逃进了飞骑营里。这里的将军是她的心腹，她本以为躲在这里就可以安然无恙，可此时这里的将军早已命丧黄泉了。

韦后看见一个将校，立即喝道："有贼攻来！让哀家暂时躲在这里！"

将校回道："你才是贼！我们都是拥护相王、要中兴大唐天下的人！"

说完，就将韦后的头砍了下来，然后送到了李隆基面前。

"将尸体弃于市！"李隆基冷冷地命令道。

此时，安乐公主正在房里化妆，就在她对着镜子画眉时，士兵突然冲了进来。

安乐公主大吃一惊，忙问："外面发生了什么事？为什么吵得那么凶？"

就在她刚要回头之际，一个士兵举刀向她挥去，顷刻之间，鲜血四溅，安乐公主一命呜呼了。此前，她的新任丈夫已经在肃章门前被斩。

见安乐公主已死，李隆基随即向后宫走去，他是去找那个八面玲珑、诡计多端的上官婉儿去了。

李隆基一入宫，上官婉儿便率众宫女，秉烛列队迎接，并且拿出自己当初与太平公主一起草拟的那份"上官版遗诏"（以证明自己是站在李唐宗室一边的），让刘幽求为自己在李隆基那里说情。但李隆基深知其左右摇摆，此时若放过，将来定后悔无及，"此婢妖淫，渎乱宫闱，怎可轻恕？今日不诛，后悔无及"，遂斩上官婉儿于旗下，此时的上官婉儿年仅四十六岁。

至此，这场精心准备的政变成功结束。政变一年之后，睿宗为上官婉儿恢复了昭容的身份，且追谥"惠文"。

上官婉儿是历史上非常有才气的女子，她的一生可谓坎坷、传奇。她虽然没有丞相之名，但却有丞相之实，这在中国历史上是独一无二的。

才华绝代，影响后世

对于已经香消玉殒的上官婉儿来说，虽然李隆基是夺走她生命的凶手，然而幸运的是，李隆基并非一个只会耍弄钢刀的粗野之人，对于上官婉儿的满腹才华，李隆基十分钦佩。

事实上，每当他想起是自己亲手结束了这个大唐第一才女的性命，常常深感后悔和惋惜。为表示对婉儿的怀念，他命令宰相张说收集上官婉儿的诗文，编成二十卷。宰相张说在《唐昭容上官氏文集序》中如此赞扬上官婉儿道："独使温柔之教，渐于生人，风雅之声，流于来叶。"自古以来的女诗人能获得如此高的评价的，唯有上官婉儿一人。

上官婉儿虽然已经淹没在了大唐历史的长河中，然而她的诗文却从此流传了下来。就在她去世将近九十年后，一位名叫吕温的诗人还曾为她作赋纪念。此赋名曰《上官昭容书楼歌》：

汉家婕妤唐昭容，工诗能赋千载同。

自言才艺是天真，不服丈夫胜妇人。

歌阑舞罢闲无事，纵恣优游弄文字。

玉楼宝架中天居，缄奇秘异万卷馀。

水精编帙绿钿轴，云母捣纸黄金书。

风吹花露清旭时，绮窗高挂红绡帷。

香囊盛烟绣结络，翠羽拂案青琉璃。

吟披啸卷终无已，皎皎渊机破研理。

词萦彩翰紫鸾回，思耿寥天碧云起。

碧云起，心悠哉，境深转苦坐自摧。

金梯珠履声一断，瑶阶日夜生青苔。

青苔秘空关，曾比群玉山。

神仙杳何许，遗逸满人间。

君不见洛阳南市卖书肆，有人买得研神记。

纸上香多蠹不成，昭容题处犹分明，

令人惆怅难为情。

尤见婉儿深为后人所思慕。

曾有人说："上官婉儿的诗文大胆创新，不拘一格。"确实如此，她的诗文一洗萎靡之风，挣脱六朝余风，开启了盛唐之音。事实上，上官婉儿已经用自己的墨笔为日后的盛唐文学描绘出了一幅宏伟的蓝图。

正如张说对她的评价："风雅之声，流于来叶。"在文学史上她确实曾开创了一代诗风。可惜的是唐玄宗让张说所收集编制的《唐昭容上官氏文集》二十卷，如今均已失传。

清朝人吴灏曾这样评价上官婉儿的诗："笔气疏爽，有名士之风。"虽然有人认为上官婉儿的诗风是承其祖父上官仪，但她的大部分作品却表现出了不同于"绮错婉媚"的上官体的另一番风格。婉儿的诗感情自然，气格爽健，她的很多作品都体现了这一点。比如她写的闺怨诗。研究上官婉儿诗作的人一致认为这些诗是最接近她真性情的诗作。其中，尤以《彩书怨》为甚，这首诗算得上是上官婉儿的代表作。

> 叶下洞庭初，思君万里馀。
>
> 露浓香被冷，月落锦屏虚。
>
> 欲奏江南曲，贪封蓟北书。
>
> 书中无别意，惟怅久离居。

这首诗抒发的是一个闺中少妇在悲伤的秋天里，思念夫君的凄怨情愫。诗的开头引用了屈原《九歌·湘夫人》中的名句"嫋嫋兮秋风，洞庭波兮木叶下"。在一个风凉露浓的秋夜里，少妇闺阁独宿，衾被孤冷，月落西山，显得格外孤独凄凉，形单影只。不禁使人深深地感受到一个少妇"思君万里馀"的绵绵苦情。

寂寞空虚之余，"欲奏江南曲"，可她的心情却难以平静，无心弹奏之下，于是提笔给远在蓟北的丈夫写信，诉说思念之情。然而，浓浓的想念之情又怎是一封信就可以传达的？一个"贪"字更加突出了少妇的相思之浓，思君之情跃然纸上。信中"无别意"表明思妇除了表达相思之外没有别的意思，由此可看出思妇不愿丈夫在外为自己担心，这也正表达了她对丈夫的关心。最后两句点明惆怅之情，乃因相思所致，惆怅相思的深切在此表露无遗。

此诗借屈原的名句交代时令，以"香被冷""锦屏虚"字样表明少妇虽然生活富丽，心情却格外空虚；而用"江南曲"跟"蓟北书"相对，点明两地相思，更从江南曲里反映她不能奏江南曲的苦闷心情。全诗以景托情，情景交融，运用对比，含蓄而有情味，曲折缠绵，不言孤苦而孤苦自现。

这篇五律一气呵成，章法严密，中间两联对仗工整，风格清丽含蓄，可见上官婉儿在诗文上的造诣和天赋。

除闺怨诗外，上官婉儿还写了大量的山水诗。

上官婉儿虽然整日被政务缠身，然而内心深处却极其浪漫。闲暇之时，她总喜欢走出闺门，去观赏大自然美丽的风景，而她每逢出游，必会思如泉涌。

这些描写山水的诗作，风格清新自然，却句句透露着不凡的气魄。其中最著名的就要数《游长宁公主流杯池二十五首》。

逐仙赏，展幽情。

逾昆阆，迈蓬瀛。

游鲁馆，陟秦台。

污山壁，愧琼瑰。

檀栾竹影，飙风日松声。

不烦歌吹，自足娱情。

仰循茅宇，俯眄乔枝。

烟霞问讯，风月相知。

枝条郁郁，文质彬彬。

山林作伴，松桂为邻。

清波汹涌，碧树冥蒙。

莫怪留步，因攀桂丛。

莫论圆峤，休说方壶。

何如鲁馆，即是仙都。

玉环腾远创，金埒荷殊荣。

弗玩珠玑饰，仍留仁智情。

凿山便作室，凭树即为楹。

公输与班尔，从此遂韬声。

登山一长望，正遇九春初。

结驷填街术，闾阎满邑居。

斗雪梅先吐，惊风柳未舒。

直愁斜日落，不畏酒尊虚。

霁晓气清和，披襟赏薜萝。

玳瑁凝春色，琉璃漾水波。

跂石聊长啸，攀松乍短歌。

除非物外者，谁就此经过。

暂尔游山第，淹留惜未归。

霞窗明月满，涧户白云飞。

书引藤为架，人将薜作衣。

此真攀玩所，临睨赏光辉。

放旷出烟云，萧条自不群。

漱流清意府，隐几避嚣氛。

石画妆苔色，风梭织水文。

山室何为贵，唯馀兰桂熏。

策杖临霞岫，危步下霜蹊。

志逐深山静，途随曲涧迷。

渐觉心神逸，俄看云雾低。

莫怪人题树，只为赏幽栖。

攀藤招逸客，偃桂协幽情。

水中看树影，风里听松声。

携琴侍叔夜，负局访安期。

不应题石壁，为记赏山时。

泉石多仙趣，岩壑写奇形。

欲知堪悦耳，唯听水泠泠。

岩壑恣登临，莹目复怡心。

风篁类长笛，流水当鸣琴。

懒步天台路，惟登地肺山。

幽岩仙桂满，今日恣情攀。

暂游仁智所，萧然松桂情。

寄言栖遁客，勿复访蓬瀛。

瀑溜晴疑雨，丛篁昼似昏。

山中真可玩，暂请报王孙。

傍池聊试笔，倚石旋题诗。

豫弹山水调，终拟从钟期。

横铺豹皮褥，侧带鹿胎巾。

借问何为者，山中有逸人。

沁水田园先自多，齐城楼观更无过。

倩语张骞莫辛苦，人今从此识天河。

参差碧岫耸莲花，潺湲绿水莹金沙。

何须远访三山路，人今已到九仙家。

凭高瞰险足怡心，菌阁桃源不暇寻。

馀雪依林成玉树，残霙点岫即瑶岑。

一口气连咏二十五首，可见上官婉儿的"才思鲜艳"。这组诗形式各异，字数不等，三言、四言、五言、七言皆有。分别从各个角度对流杯池周围的景色进行了描绘，从而给人呈现出了一幅绚丽多彩的园林山水画卷。这二十五首诗，可谓佳句迭出。

如第九首的"斗雪梅先吐，惊风柳未舒"，原诗是一首五律，"斗雪"指顶着因雪而带来的严寒，"柳未舒"即柳树尚未发芽，意思是：梅花顶着降雪带来的严寒而吐蕊怒放；柳树因风厉雪冷尚未舒腰展眉，泛黄发芽。其中，"斗""惊"二字的运用极为巧妙，形象地勾勒出了柳既刚且柔的韵态。

诗中每字每句皆为婉儿有感而发，她以女性特有的细腻深切地体会着大自然的美丽风光。"跂石聊长啸，攀松乍短歌""幽岩仙桂满，今日恣情攀""山中真可玩，暂请报王孙"。如此富有诗意的山水之美，使得婉儿文思泉涌，无法停笔。由此可见，婉儿对于山水的描写重在表现其情态，用词彩丽而不繁，境界清新，与山水相融为一体。

有人说："上官婉儿的山水诗透着一股幽幽清新之风，上承六朝山水诗的清丽之风，下启唐山水田园诗的先河，成为六朝山水诗到王、孟山水诗这一过渡时期的重要作品，起着承前启后的作用。"此话实不为过。

由于上官婉儿一生大部分的时间都是在宫廷中度过的，自然也少不了写一些应制奉和诗。历史上，很多应制诗因为都是一些讨皇帝欢心之作，所以内容多是歌功颂德、粉饰太平之言。其语言大多浮躁萎靡，极为华丽，毫无意义可言。然而上官婉儿的应制诗却别具一格，极富生气，清新俊美。

对于应制诗的创作，更加表现了她的才思敏捷、灵性过人。应制诗多为景物的堆砌，而婉儿的应制诗代表作《奉和圣制立春日侍宴内殿出剪彩花应制》却没有一味地堆砌景物，它旨在咏物，给人一种别样的感受。

密叶因裁吐，新花逐翦舒。

攀条虽不谬，摘蕊讵知虚。

春至由来发，秋还未肯疏。

借问桃将李，相乱欲何如。

　　诗中刻画剪彩花的形貌，真假错杂，虚实相映。对比之中，突出了彩花的特点，虽然寥寥几字，却十分贴切，让人有一种真切之感。结尾处，诗人以感叹作结：请问桃花和李树，在你们的同类之中杂进了彩花，并且达到了假可乱真的地步，你们作何感想与打算？这两句乃是诗人突发奇想之笔，与桃李直接的对话，显得十分巧妙有趣。既出意料之外，又在情理之中，可谓妙笔生花。

　　婉儿的应制诗不仅清新而且大气，丝毫没有萎靡之风。如《驾幸新丰温泉宫献诗三首》（之一）：

三冬季月景龙年，万乘观风出灞川。

遥看电跃龙为马，回瞩霜原玉作田。

　　这是一首描写隆冬时节出游的诗，诗人将途中的所见所闻落于笔下，无论是扈从马队之景况，还是令人着迷的田野风光都写入了诗中。马跑之速如龙腾风；覆盖着晨霜的原野像玉一样洁白。虽然这是一首对皇帝的歌颂之词，却全无阿谀谄媚之辞藻，意境阔达，气势磅礴。

上官婉儿颇具韵律的清词丽句，在当时十分流行，甚至引得很多宫廷诗人纷纷效仿。可以说，上官婉儿以她的诗歌引导着初唐的诗风，甚至影响到了盛唐。

更加值得一提的是，上官婉儿之所以在初唐诗坛有着崇高的地位，不仅仅因为她开创了一代诗风，还因为她利用自己的政治权势为诗歌的发展起了巨大的推动作用。

也许是受祖父的影响，上官婉儿虽然权倾朝野，呼风唤雨，但她的骨子里仍然是一个文人，其对于诗歌创作的热情始终未曾减少。

我们都知道，唐代是一个诗人辈出的朝代，即使是在千年之后的现代，人们仍然对唐诗怀有敬仰。如此鼎盛的文化，其实和上官婉儿在当时的大力推动是分不开的。

中宗即位之后，上官婉儿借助自己的特殊身份，曾建议中宗扩大书馆，增设学士，网罗精英，使得天下词客纷纷投奔在她的门下。

当时，朝廷的很多文人词客组成了一个庞大的宫廷诗人集团。这些人时常聚在一起，竞相赋诗，诗歌活动十分频繁，其规模之大、气氛之热烈以及诗篇数量之多是前无古人的。而上官婉儿便是这些游宴诗会的热心组织者和诗会的"裁判"。

当时，参加这样的诗会乃是一件极为风流儒雅之事，而为了讨好皇帝，诗人们则是争奇斗胜，以为自己博得盛名。由于他们的水平不相上下，这便需要一位公正的"裁判"为他们品评诗文。

因婉儿才华横溢，所以她便成了每次赛诗会的裁判。作为一位品评鉴定者，她代表了武则天时期诗歌鉴赏的高水平。据史书记载，每当中宗赐宴赋诗，婉儿不仅代皇室作诗，而且负责评定群臣之作。也就是在这其中，上官婉儿发挥了她诗坛领袖的作用。她虽在诗歌史上不以诗人著称，但却以称量诗坛流芳千古。

景龙三年（709年）正月，正值早春时节，中宗带领群臣到昆明湖游玩，玩到高兴处，不由得诗兴大发，赋诗一首，便让群臣唱和。见皇帝开了口，群臣纷纷加入。

很快，就有一百多人交出诗稿，中宗当即让上官婉儿前来评判。只见婉儿坐在高高的彩楼上，手里拿着厚厚的诗稿，一边看一边把被淘汰掉的扔掉。一时间，诗稿如雪花一般纷纷飘落，到了最后，只留下了两个人的诗稿，这二人便是当时以五言诗名噪一时的宋之问和沈佺期。这两个人当时在诗坛不分高下，合称"沈宋"。

这是一场决赛，按规矩必须淘汰一个，场面一时甚为紧张。此时，沈佺期悄悄对宋之问说："你我二人今天就在此一分高下，以后也不必再争。"话音未落，又一张诗稿飘然而下。众人一看，正是沈佺期的，众人愕然。为什么扬宋贬沈呢？婉儿的评价是："二诗文笔相当，但沈诗结句'微臣雕朽质，差睹豫章才'辞气已竭，而宋诗结句'不愁明月尽，自有夜珠来'陡然健举，若飞鸟奋翼直上，气势犹在。"顿时，众人无不对上官婉儿佩服得五体投地。

作为一个上承贞观之遗风，下启开元、天宝之新声的一代女诗人，上官婉儿是初唐文学发展为盛唐文学的关键人物。她的诗才、诗文、诗论对后世都有着深远的影响。

可以说，这位才华绝代的大唐才女，在某种意义上代表着盛唐文化。